Sarah Bosse

Sommergeschichten vom Ponyhof Mühlental

Mit Illustrationen von
Stephan Baumann

COPPENRATH

Dieses Buch gehört:

____

MIX
Papier aus verantwortungsvollen Quellen
FSC® C110508

5 4 3 2 1 17 16 15 14 13
ISBN 978-3-649-61287-2

Text: Sarah Bosse
Illustrationen: Stephan Baumann
Printed in Germany

www.coppenrath.de

Ponyhof Mühlental

Anna auf falscher Fährte

Der Streuner

Schweiß rann über das rußverschmierte Gesicht der jungen Frau. Die Angst stand ihr ins Gesicht geschrieben. Suchend blickte sie sich um und strich sich fahrig eine klebrige Haarsträhne aus der Stirn.

Dann fiel ihr Blick auf einen Mann, der auf sie zugeeilt kam, während hinter ihm die orangefarbenen Flammen emporzüngelten. Der Mann breitete die Arme aus. Sie fiel ihm um den Hals.

„Gott sei Dank, du bist unverletzt!“, rief die junge Frau.

„Jetzt wird alles gut“, versprach der Mann zuversichtlich und strich ihr über den Kopf.

Dann, mit einem Mal, stieß die Frau den Mann von sich. „Wo ist mein Vater?“

Der Mann packte die Frau bei den Schultern und hielt sie auf Armeslänge von sich. „Dein Vater? Aber ich dachte, er sei bei dir!“

Beide fuhren herum und starrten in die Flammen.

Dann ertönte die Schlussmelodie und der Text des Abspanns flimmerte über die Mattscheibe.

Anna griff nach der Fernbedienung und schaltete das Gerät ab. „Ist ja klar, wenn es spannend wird, hört die Folge auf. Bäh.“

Luisa zuckte die Schultern. „Logisch. Die wollen doch, dass man nächste Woche wieder einschaltet.“ Sie hatte es sich im Schneidersitz auf dem Sofa bequem gemacht. Anna hockte mit angezogenen Beinen neben ihr.

„Was glaubst du, ist der Vater in den Flammen ums Leben gekommen?“, fragte Anna und streichelte dem schwarzen Kater Fridolin über das glänzende Fell. Der hatte sich verbotenerweise wieder einmal ins Wohnzimmer geschlichen und sich zu Anna aufs Sofa gekuschelt.
Luisa schüttelte heftig den Kopf und nahm einen Schluck Früchtetee, den Anna für sie beide gekocht hatte. „Nein, ich weiß zufällig, dass er überlebt, aber schwer verletzt wird. Deshalb stellt sich die Frage, wer den Gutshof weiterführen wird. Höchst dramatisch, sag ich dir.“
Anna kicherte. „Dass du schon immer in die Fernsehzeitung von nächster Woche schauen musst!“
Luisa stand auf. „Ich mache mal das Fenster zu, ja? Mir wird langsam ein bisschen kühl.“
Die Tage wurden inzwischen deutlich kürzer, und sobald die Sonne hinter den großen Pappeln, die die hintere Weide begrenzten, verschwunden war, wurde es richtig kalt.
Von draußen drangen gedämpft Gitarrenklänge herein. Robert, Annas großer Bruder, hatte sich mal wieder in seinen Probenraum zurückgezogen.
Adelheid, Luisas Mutter, die auf dem Ponyhof in einem alten Speicherhaus eine Tierarztpraxis führte, und Annas

Mutter Isabel, die den Ponyhof zusammen mit Annas Vater Rolf betrieb, waren zusammen ausgegangen. Es war Wochenende, daher durfte Luisa bei Anna übernachten.
Rolf saß wie so oft oben in der alten Uppkammer, wo er sich sein Büro eingerichtet hatte.
Den beiden Freundinnen war das nur recht, denn so bekam er nicht mit, worüber sie redeten und wann sie ins Bett gingen. Sie würden noch lange nicht schlafen können, denn es gab immer so viel zu besprechen. Auch wenn sie sich jeden Tag sahen.
Luisa schloss die Hand um den Fenstergriff und stutzte. Mit zusammengekniffenen Augen spähte sie angestrengt in die Dämmerung. Doch das Wohnzimmerlicht reflektierte in der Fensterscheibe, sodass sie draußen kaum etwas erkennen konnte.
„Ist was?“, fragte Anna.
Luisa schüttelte den Kopf. „Weiß nicht. Kam mir gerade so vor, als ob auf dem Hof jemand herumschleichen würde. Aber ich habe mich wohl getäuscht.“
Anna sprang aus dem Sessel. „Sicher?“
Luisa winkte ab. „Mach mal das Licht aus, sonst kann man nichts sehen.“

Im Dunkeln standen die beiden Freundinnen am Fenster und schauten hinaus auf den Hof, dessen Pflastersteine im fahlen Mondlicht glänzten. Alles war ruhig.

Als Anna den Blick über die Hofgebäude schweifen ließ, kamen ihr wieder die Bilder der Fernsehserie in den Sinn. Wie furchtbar, wenn ein gesamter Gutshof einem Großfeuer zum Opfer fiel und dabei sogar Tiere in ihren Ställen verendeten!

„Ich sage ja, ich habe mich getäuscht", murmelte Luisa und knipste die Stehlampe wieder an.

Anna zupfte Luisa am Ärmel. „Komm, sagen wir den Ponys gute Nacht."

Als sie an Roberts Probenraum vorbeikamen, zeigte Luisa mit dem Daumen über die Schulter. „Das sind ja ganz neue Klänge."

Anna verdrehte die Augen. „Robert hat sich Skippys Bassgitarre ausgeliehen. Aber ich finde, Bass ohne alles klingt wie Spaghetti ohne Soße."

Luisa kicherte. „Stimmt. Jetzt, wo du es sagst. Skippy, ist das der mit dem Pferdeschwanz?"

Anna nickte. „Ziemlich verrückter Kerl. Ganz nett, was mich aber total an dem stört: Er raucht."

Luisa schüttelte sich, dann wanderte ihr Blick nach oben. In der Uppkammer brannte noch immer Licht. „Dein Dad kann einem leidtun“, sagte sie. „Dass er so oft noch bis spätabends im Büro hocken muss!“

Anna seufzte. „Stimmt schon. Aber manchmal, glaube ich, sitzt er da länger, als er müsste. Dann kann er in Ruhe seinen geliebten Jazz-Sender hören und die Büroarbeit macht er nebenbei.“

Luisa zwinkerte ihrer Freundin zu und schob die Stalltür auf. „Na, wenn das so ist, dann wollen wir mal nicht zu viel Mitleid mit ihm haben. Auf Väter sollte man ohnehin nicht allzu große Rücksicht nehmen.“

Anna schluckte. Sie fand es komisch, dass Luisa etwas Derartiges sagte. Soweit Anna wusste, hatte Luisa ihren Vater nie kennengelernt. Aber sie mochte ihre Freundin nicht darauf ansprechen. Luisa hatte auch noch nie von sich aus dieses Thema angeschnitten.

Schweigend schlich Anna hinter Luisa in den Stall und knipste nur die kleine Stalllampe an. Die Ponys waren schon zur Ruhe gekommen und sollten nicht zu sehr gestört werden. Gedämpftes Schnauben und Hufescharren drang ihnen entgegen.

Anna seufzte. Sie liebte es, spät am Abend in den Stall zu gehen, zu ihrer Stute Fee oder zu Mücke, dem Voltigierpferd. Oder aber zu Rose, dem Haflinger, der hier auf dem Ponyhof im Mühlental sein Gnadenbrot bekam und von Luisa versorgt wurde. Ihre Freundin kümmerte sich auch um den Connemara-Schimmel Zorro.

Fee reckte Anna den Kopf entgegen und begrüßte sie mit einem sanften Schnauben. Im fahlen Licht der Stalllampe wirkte ihr Fell viel dunkler als sonst. Anna ließ die Hand über das samtweiche Maul der Stute gleiten. „Gute Nacht, du Schöne“, flüsterte sie.

Luisa schlenderte durch die Stallgasse. Schaute links und rechts in die Boxen, in denen die Pferde sich zur Ruhe begeben hatten. Nur die Shetties waren noch draußen im Auslauf, wo sie über Nacht bleiben sollten.

In Zorros Box raschelte es. Mäuse, dachte Luisa und warf einen Blick über die Boxenwand. An Zorros Bein war noch immer eine große Narbe zu sehen, die von einem Unfall im Sommer herrührte. Doch alles war gut verheilt, und vor allem hatte der Schimmel dieses schreckliche Ereignis inzwischen vergessen. Er war wieder ganz der Alte. Das war das Wichtigste. „Wir sollten Fridolin nachts in den Stall schicken“, zischte Luisa. „Hier kann er sich nützlich machen, anstatt faul im Sessel zu liegen. Ist dir schon mal aufgefallen, dass der Gute immer träger wird?“ Da es abends frischer wurde, zog es die kleinen Nager immer häufiger in den Stall. Plötzlich stutzte Luisa. Sie meinte, die Umrisse eines größeren Tieres im Einstreu gesehen zu haben. Ein kalter Schauder lief ihr über den Rücken. „Ih“, machte sie. „Anna, ich glaube, hier läuft eine riesige Ratte rum!“

Doch plötzlich begann die Ratte zu bellen und eine zweite Silhouette löste sich aus dem Schatten, um nach dem Tier zu greifen.

„Das gibt's doch gar nicht!“, rief Anna, die jetzt neben Luisa über die Boxenwand starrte. „Jan, was machst du denn hier drin? Weißt du eigentlich, wie spät es ist?“
Der Nachbarjunge vermied es, die beiden Freundinnen anzusehen, und drückte sich seinen Jack-Russel-Terrier Benni an die Brust. Das schlechte Gewissen stand ihm ins Gesicht geschrieben. „Ich wollte nur den Ponys gute Nacht sagen“, flüsterte er kaum hörbar.
Luisa stemmte die Fäuste in die Seiten. „Müsstest du denn nicht schon längst zu Hause sein? Deine Eltern machen sich doch bestimmt Sorgen.“
Jan zuckte die Schultern und streckte sein dünnes Ärmchen durch die Gitterstäbe, um die Boxentür zu öffnen. Dabei hatte er größte Mühe, Benni festzuhalten. Der kleine Hund wand sich hin und her, er wollte Anna und Luisa begrüßen. Schnell streckte Anna die Hand aus, um dem Terrier den Kopf zu kraulen, bevor er Jan vom Arm sprang und sich womöglich verletzte. Als Benni sich beruhigt hatte, setzte Jan ihn schweigend auf dem Boden ab.
Anna wunderte sich über den kleinen Nachbarjungen. Ihr selbst wäre an seiner Stelle diese Situation dermaßen unangenehm gewesen, dass sie schnell das Weite gesucht hätte.

Aber Jan machte überhaupt keine Anstalten, den Heimweg anzutreten. Irgendwas an seinem Verhalten kam ihr merkwürdig vor. Vielleicht hatte er Angst, im Dunkeln allein nach Hause zu gehen, und mochte es nicht zugeben.
„Sollen wir dich zu eurem Hof bringen?", fragte sie. „Ich meine, es ist inzwischen stockdunkel."
Luisa zeigte mit ausgestrecktem Arm Richtung Sattelkammer. „Ich könnte eine Taschenlampe holen."
Aber Jan schüttelte entschieden den Kopf. „Den Weg finde ich ganz allein."
Seine Stimme klang trotzig. So, als habe ihn Annas Vorschlag gekränkt.
Diese seufzte. „Na dann." Entschlossenen Schrittes ging sie durch die Stallgasse und schob die Tür auf. Mit einem Kopfnicken gab sie Jan zu verstehen, dass er gehen musste. „Die Ponys brauchen jetzt ihren Schlaf."
Jan schlüpfte, ohne ein Wort zu sagen, durch die Tür, während ihm Benni um die Beine hüpfte, als hätte er Sprungfedern in den Gelenken. Dann verschwanden beide um die nächste Hausecke.
Luisa knipste das Stalllicht aus und schob den Riegel vor die Tür. „Das soll einer verstehen!"

Anna zuckte die Schultern. „Wer weiß, vielleicht hat er was ausgefressen und wollte deshalb nicht nach Hause."

Die beiden Freundinnen liefen dem Nachbarjungen ein Stück hinterher und spähten um die Hausecke. Sie wollten sicher sein, dass er auch wirklich den Heimweg angetreten hatte. Doch die Dunkelheit hatte Jan und den kleinen Hund längst verschluckt.

Die Klette

„Es ist nicht zu fassen!" Isabel tippte mit dem Zeigefinger auf einen Artikel in der Zeitung. „Da haben sie in der Kreisstadt einer Mutter die Kinder weggenommen, einen Jungen und ein Mädchen, zwei und fünf Jahre alt. Beide waren vollkommen unterernährt!"

Anna und Luisa, die mit Rolf und Isabel am Frühstückstisch saßen, wurden hellhörig.

„Die armen Kleinen!", rief Anna.

„Wie kann eine Mutter nur so etwas tun?", fragte Luisa mit empörter Stimme.

Rolf, der einen anderen Teil der Zeitung in der Hand hielt, ließ diesen sinken und sah die beiden Mädchen ernst an. „Vermutlich war sie vollkommen überfordert. So einfach ist das."

„Ich bitte dich, Rolf!", sagte Isabel. „Wir leben doch nicht in einer Großstadt. Irgendein Nachbar muss doch was gemerkt haben."

Rolf setzte ein spöttisches Grinsen auf. „Wer es glaubt, wird selig! Wie viele Menschen laufen mit Scheuklappen durch die Gegend. Bloß nicht einmischen, lautet die Devise! Das hört man doch oft genug."

Anna ließ den Blick über den reich gedeckten Tisch wandern. Darauf standen Cornflakes, Müsli, frische Milch, Marmelade, Käse und Aufschnitt. Jeder konnte das nehmen, worauf er Hunger hatte. Und das alles war für sie eine Selbstverständlichkeit!

Aber noch viel wichtiger war, dass ihre Eltern immer für Anna und Robert da waren, wenn sie sie brauchten.

Was für eine gruselige Vorstellung, wenn nicht mal genug zu essen da wäre!, dachte Anna und fühlte, wie ihr eine Gänsehaut die Arme heraufkroch.

Plötzlich spürte sie einen Ellenbogen zwischen den Rippen. Mit einer Kopfbewegung forderte Luisa sie auf aus dem Fenster zu schauen.

Skippy kam mit einem klapprigen Hollandrad auf den Hof gefahren. Seine Gitarrentasche hatte er sich auf den Rücken geschnallt. Er trug eine Art Kaftan und hatte sich wie immer die langen schwarzen Haare zu einem Pferdeschwanz zusammengebunden.

Anna warf einen Blick auf die Küchenuhr und fragte verdutzt: „Ist Robert etwa immer noch im Probenraum?"
Isabel grinste. „Na ja, sein Bett war benutzt. Irgendwann muss er geschlafen haben. Aber gesehen habe ich ihn heute noch nicht."
Rolf lugte über den Rand seiner Zeitung. „Wie heißt dieser Skippy eigentlich richtig?"
Anna verzog den Mund. „Ich glaube Jost oder so."
Rolf seufzte. „Na, dann doch lieber Skippy! Die beiden haben übrigens vor eine Band zu gründen. Jetzt suchen sie einen Schlagzeuger."
Anna verdrehte die Augen. „Eine Band? Wollen die etwa hier proben? Und wer singt? Hoffentlich nicht Robert! Dann würde noch bei Schulze Eistrups Kühen die Milch im Euter sauer."
Luisa hörte gar nicht auf das, was ihre beste Freundin sagte. Sie fand den Gedanken superspannend!
Als Anna und Luisa wenig später das Haus verließen, um Fee und Zorro für einen kleinen Ausritt fertig zu machen, drehte Luisa plötzlich bei und steuerte auf den alten Hühnerstall zu. „Komm, lass uns mal gucken, was die Jungs da treiben!"

Anna verzog den Mund. „Ich dachte, wir machen einen Ausritt."
„Wo ist das Problem?", antwortete Luisa. „Heute ist Samstag, wir haben alle Zeit der Welt. Ob wir nun jetzt ausreiten oder erst in einer halben Stunde, ist doch wurstegal."
„Die Jungs wollen uns bestimmt nicht dabeihaben", wandte Anna ein. Sie hatte für die Musikbesessenheit ihres Bruders wenig übrig.
Luisa verdrehte die Augen. „Na, das werden wir ja sehen."
Anna zeigte mit dem Daumen über die Schulter. „Na dann, ich kümmere mich schon mal um die Ponys."
Luisa stieß hörbar die Luft aus. „Ist das jetzt irgendwie ein Problem für dich, oder was?"
Anna hob beide Arme zu einer abwehrenden Geste. „Schon gut." Sie hatte keine Lust, sich mit Luisa zu streiten. Auch wenn sie sich über deren plötzliches Interesse an Roberts Hobby ärgerte.
Mit dem Fuß schob sie die Tür zur Sattelkammer auf, um die Putzutensilien von Fee und Zorro zu holen. Mit einem Eimer in jeder Hand schlenderte sie durch die Stallgasse, als ihr plötzlich etwas vor die Füße sprang. „Benni!", rief sie erschrocken. Das Herz pochte ihr bis zum Hals. „Ver-

dammt, was machst du denn im Stall?“ Anna blickte sich suchend um. Wenn der kleine Hund hier war, dann war sein Herrchen sicher nicht weit. Und richtig, in der leeren Box der Shetties entdeckte sie einen dunkelblonden Haarschopf. „Kannst ruhig rauskommen, Jan. Ich habe dich gesehen. Was machst du denn schon wieder hier?“ Als sie seine strubbeligen Haare sah, in denen kleine Strohspelze hingen, ging Anna ein Licht auf. Jan hatte im Stall übernachtet. Aber sie und Luisa hatten doch gesehen, dass er nach Hause gegangen war!

Jan tat so, als habe er Annas Frage nicht gehört. „Kann ich dir helfen? Wo ist denn Luisa, ihr reitet doch samstags immer zusammen aus!“

Anna stutzte einen Moment. Der kleine Knirps schien ja bestens Bescheid zu wissen! Aber wenn er schon mal da war, dann konnte er auch mit anpacken. Sie reichte ihm einen Führstrick. „Klar, holst du Zorro aus der Box? Kannst du das?“

„Logisch!“, rief Jan, riss Anna den Strick aus der Hand und verschwand in der Box des Schimmels.

Als Luisa von ihrem Abstecher in den Probenraum in den Stall kam, hatte Jan das Pony bereits geputzt. Um besser an

Zorros Rücken zu gelangen, hatte er sich sehr zu Annas Vergnügen einen kleinen Schemel aus der Sattelkammer geholt. Er hatte offenbar immer gut zugeschaut, denn er erledigte seine Arbeit, als habe er sie schon tausendmal gemacht.

„Nanu, das ist ja ein Service!“, staunte Luisa. „Jetzt brauche ich Zorro ja nur noch aufzuzäumen und zu satteln.“

Jan nickte ein wenig verlegen.

„Das klang übrigens ziemlich gruselig, was Robert und Skippy da geklimpert haben“, meinte Luisa grinsend.

Anna warf ihr einen spöttischen Blick zu. „Sag ich doch.“

Luisa zuckte die Schultern. „Was nicht ist, kann ja noch

werden. Sie sind erst am Anfang. Und bei dem Ehrgeiz, den Robert an den Tag legt … Der muss ja heute schon in aller Frühe in den Probenraum gegangen sein."
„Um halb sieben", sagte Jan ganz beiläufig.
Anna schluckte und suchte Luisas Blick. Die sah genauso erstaunt aus. War Jan tatsächlich über Nacht auf dem Mühlental-Hof gewesen?
„Danke für deine Hilfe, Jan!", rief Luisa, als sie sich kurz darauf in den Sattel schwang.
Dann klapperten die Hufe über das Pflaster und bald darauf trabten die Ponys fröhlich den Feldweg entlang durch das Mühlental.

Die Sonne strahlte vom Himmel, sodass sie keine Jacken anzuziehen brauchten. Nur ihre praktische Weste hatte Anna sich über das Sweatshirt gezogen. In der hatte sie immer allerlei Sachen verstaut, neben Pflastern, Taschentüchern und ihrem Handy auch zwei kleine Karotten für die Ponys. Die gab es aber immer erst am Ende ihrer Tour.

„Dieser Skippy ist übrigens wirklich ganz nett. Ich durfte vorhin sogar mal probeweise auf seiner Bassgitarre spielen", durchbrach Luisa die Stille. Sie schüttelte ihre Hand. „Puh, der muss eine ganz schöne Hornhaut auf seinen Fingern haben. Ich fand, das tat ziemlich weh."

Anna warf ihrer Freundin einen belustigten Blick zu. „So, so, du findest Skippy also nett."

Luisa machte eine wegwerfende Handbewegung. „Pah! Jetzt fang nicht an zu spinnen."

Anna hatte jedoch bemerkt, dass Luisa ein wenig rot geworden war und verlegen wirkte. Sie kannte ihre Freundin schließlich so gut wie kaum ein anderer. Doch anstatt weiter auf diesem Thema herumzureiten, richtete sie Fee gerade, drückte den Po tief in den Sattel und die Fersen in Fees Flanken. Dann gab sie Zügel nach. „Kleiner Galopp gefällig, meine Gute?"

Fee zögerte keinen Moment. Sie wusste, dies war die Stelle, an der sie richtig Tempo machen konnte. Der Weg führte leicht bergauf aus dem sanften Tal hinaus.
Luisa setzte sich fest in den Sattel, denn Zorro folgte seiner Pferdefreundin auf dem Huf, dass ihm die Erdklumpen nur so um die Beine flogen.
Fröhlich und etwas außer Atem parierte Anna die Ponystute auf der Hügelkuppe durch. „Puh, das tat gut, was?“

Luisa schob sich die Reitkappe aus der Stirn. „Sag mal, vorhin im Stall, das war merkwürdig, oder?"

Die Freundinnen lenkten die Ponys im Schritt nebeneinanderher. Schnaubend verscheuchten die Tiere mit ihren Mähnen lästige Fliegen. Zum Glück waren es jetzt schon deutlich weniger geworden als noch im Sommer.

„Du meinst, dass Jan wusste, wann Robert in den alten Hühnerstall gegangen ist?", fragte Anna und nickte. „Allerdings. Du wirst es nicht für möglich halten, aber als ich in den Stall kam, war Jan schon da."

Luisa presste die Lippen aufeinander und dachte einen Moment nach. „Willst du damit sagen, dass er gestern Abend doch nicht nach Hause gegangen ist, sondern im Stall geschlafen hat?"

Anna zuckte die Schultern. „Könnte sein."

„Na hör mal!", rief Luisa und warf den Kopf in den Nacken. „Der Knirps hat doch schließlich Eltern. Die hätten ihn doch vermisst und überall rumgefragt, wo er wohl sein könnte."

Anna stieß Luft durch die Schneidezähne. „Ts, du hast doch vorhin gehört, was in der Zeitung steht. Nicht alle Eltern kümmern sich so um ihre Kinder, wie sie sollten. Überleg doch mal, wie das damals war, als Jan zum ersten Mal auf den Hof gekommen ist."

Das hatte Luisa nicht vergessen. Einfach dagestanden hatte der kleine Junge, mit seinem Hund auf dem Arm. Der arme Benni war angefahren worden und Adelheid hatte ihn in ihrer Praxis versorgt. Der Jack-Russel-Terrier war ihr erster Patient in der neuen Praxis gewesen. „Ja, das war schon komisch", sagte Luisa gedankenversunken. „Dass der Zwerg ganz allein kommen musste und seine Eltern ihm nicht geholfen haben."

Wieder dachte Anna, wie gut sie es doch hatten. In solchen Fällen hätten ihre Eltern sie nie und nimmer allein gelassen. Anna drehte sich im Sattel zu ihrer Freundin um. „Vielleicht sollten wir uns in den nächsten Tagen einfach ein bisschen um ihn kümmern. Was meinst du?"

Luisa nickte zustimmend. „Das kann ganz sicher nicht schaden."

Später, als Anna und Luisa zum Ponyhof zurückgekehrt waren, streckte Luisa plötzlich den Arm aus und zeigte lachend auf Skippys altes Fahrrad, das hinter dem Schuppen abgestellt war. „Na, dazu taugt die alte Rostschleuder allemal!"

Die Hühner hatten das Fahrrad in Beschlag genommen, saßen verteilt auf Lenk- und Querstange und gackerten um die Wette. Kichernd hielt sich Anna die Hand vor den Mund. „Hauptsache, die kacken nicht auf den Sattel!“

Schatten

„Du musst zugeben, das klingt heute schon besser!“, sagte Luisa und warf Anna einen Apfel zu.

Anna stand vor dem alten Hühnerstall, in dem Robert sich den Probenraum eingerichtet hatte, und lauschte auf die Klänge, die gedämpft daraus hervordrangen. Sie mochte Luisa gegenüber nicht zugeben, dass sie das, was sie hörte, gar nicht mal so übel fand, und war froh, dass Fridolin plötzlich mit einem Riesensatz aus dem Stall gesprungen kam und mit aufgestelltem Schwanz das Weite suchte. „Fridolin ist da ganz anderer Meinung!“, rief sie lachend.

„Tu doch nicht so“, brummte Luisa mit vollem Mund. Sie kannte Anna nur zu gut! „Spring doch mal über deinen Schatten.“ Luisa boxte ihre Freundin gegen die Schulter.

„Okay“, antwortete Anna und begann wild über den Hof zu hüpfen, immer in Richtung ihres Schattens. „Verflixt, es geht nicht!“ Sie lachte und hätte sich beinahe an ihrem Apfel verschluckt.

Luisa machte ein wichtiges Gesicht. „Hm, lass mich mal versuchen." Jetzt sprang auch sie wie Rumpelstilzchen über das Pflaster und versuchte über ihren eigenen Schatten zu springen. „Ich hab's!", rief sie. „Ich springe über deinen Schatten und du springst über meinen. Das funktioniert vielleicht!"

Anna verschränkte die Arme vor der Brust. „Tja, bin ja mal gespannt, was dann passiert!"

Gesagt, getan. Abwechselnd sprangen sie lachend auf dem Hof herum.

„Hey, was geht denn hier ab?" Plötzlich stand Skippy hinter ihnen. In den Händen hielt er ein Päckchen Tabak. Aha, es war also Zeit für eine Raucherpause!

Anna und Luisa liefen rot an.

„Training! Konditionstraining und Körperbeherrschung … und so", stotterte Luisa, bevor sie von Anna am Ärmel gepackt und in Richtung Stall gezogen wurde. Hinter der ersten Ecke pressten sie sich mit dem Rücken an die Wand und hielten sich die Hände vor den Mund, um nicht laut losprusten zu müssen.

„Peinlich!", stöhnte Luisa. „Der hält uns doch jetzt für die letzten kindischen Gören."

Durch die offene Stalltür konnte Anna sehen, wie sich einige Jungen und Mädchen auf den Weg in die Reithalle machten, in der Isabel soeben verschwunden war. Der Unterricht für die Fortgeschrittenen begann. Der Ponyhof hatte inzwischen so viele Reittiere, dass Fee und Zorro nicht immer in der Lektion gehen mussten. Sie hatten heute frei.
Anna stieß sich von der Wand ab. „Was soll's. Komm, holen wir die Ponys und trainieren auf dem Springplatz."
Als sie am Zaun ankamen, pfiff Anna auf zwei Fingern.
„Respekt!", sagte Luisa.

Anna grinste verschmitzt. „Hat Robert mir beigebracht. Na, für irgendwas muss ein großer Bruder ja gut sein."

Natürlich kamen nicht nur Fee und Zorro angetrottet. Die braunen Shetties Tim und Struppi waren immer mit von der Partie, wenn auch nur die geringste Chance bestand, dass es etwas zu fressen gab. Lediglich die Haflingerstute Rose und das graue Shetlandpony Hector, die im Mühlental ihr Gnadenbrot bekamen, machten sich nicht die Mühe, zum Zaun zu kommen. Sie blickten kurz auf und tauchten ihre Mäuler dann wieder in das würzige Gras.

Luisa und Anna hielten den beiden kleinen Ponys auf der flachen Hand die Kerngehäuse ihrer Äpfel hin. Fee und Zorro würden nach dem Reiten etwas bekommen.

„Hast du dich eigentlich wieder zu einem Turnier angemeldet?“, fragte Luisa, als sie Zorro das Zaumzeug anlegte.

„Nö, hatte irgendwie keine Lust darauf“, antwortete Anna und hatte alle Mühe, die Shetlandponys daran zu hindern, mit durch das Gatter zu schlüpfen. „Ihr bleibt schön hier!“, schimpfte sie Tim und Struppi aus. „Ihr könntet ja glatt unter den Hindernissen hindurchlaufen!“

Luisa klatschte sich auf die Oberschenkel. „Ja, Shettie-Limbo! Das wär doch mal was!“

„Warum dürfen die Kleinen denn nicht mit auf den Reitplatz?“, ertönte plötzlich eine Stimme hinter ihnen.

Anna und Luisa drehten sich suchend um. Neben dem Oxer stand Jan, er hielt Benni auf dem Arm.

„Hallo, da bist du ja schon wieder!“, rief Anna und biss sich sogleich auf die Unterlippe. Ihre Begrüßung hatte ziemlich schroff geklungen.

Luisa schloss das Gatter. „Ist doch klar, Jan. Wenn die Shetties hier herumlaufen, könnten sie uns beim Springen im Weg sein.“

Da hatte Anna eine Idee. „Jan, wie sieht's aus, möchtest du vielleicht reiten?"
Ein Strahlen ging über Jans Gesicht. „Ich?" Schnell setzte er Benni auf den Boden.
Anna legte ihm eine Hand auf die Schulter. „Na klar. Du kannst auf Struppi hier ein bisschen durch die Volte reiten, während wir springen. Was meinst du, hast du Lust?"
„Wo soll ich durchreiten?", fragte Jan schüchtern.
Lächelnd wuchtete Luisa den Sattel auf Zorros Rücken. „Im Kreis, meint Anna. Immer am Zaun entlang. Das kriegst du doch hin, oder?"
Jan nickte, den Blick auf den Boden geheftet.
Anna griff nach einem Seil, das über dem Zaun hing. „Komm, wir holen Struppi. Den Strick hier nehmen wir als Zügel."
Anna spürte, wie aufgeregt Jan war. Seine Finger zitterten, als er das Seil an Struppis Halfter durch die Ringe schieben und festknoten sollte.
Tim warf den Kopf in den Nacken und zog beleidigt davon, als er merkte, dass er als Einziger nicht mit auf den Reitplatz durfte.
Jan sah ihm nach. „Armer Tim."

Doch Anna winkte ab. „Ach, mach dir mal um den keine Sorgen. Der spielt nur ganz kurz die beleidigte Leberwurst. Nachher kriegt er auch eine Möhre, dann ist er zufrieden." Anna führte Struppi an den Zaun und zeigte Jan, wie er sich an der Mähne festkrallen sollte, während sie sein linkes Bein hielt, um ihm aufs Pferd zu helfen.
Als Jan nach Struppis Mähne griff, rutschte sein Ärmel ein Stückchen hoch und gab den Blick auf einen tiefblau-violetten Fleck frei.
Anna erschrak. „Was hast du denn da am Arm? Hast du dich gestoßen?"
Rasch zog Jan den Ärmel hinunter. „Ist gar nicht schlimm", erwiderte er nur.
Zwei, drei Runden führte Anna Struppi durch die Bahn, bis sie sicher war, dass das Pony verstanden hatte, was von ihm erwartet wurde, und sie sich keine Sorge machen musste, dass Jan hinunterfiel.
Dabei kreisten ihre Gedanken unaufhörlich um die Prellung an dem Arm des kleinen Jungen. Was war geschehen? War er etwa ge-schlagen worden? Oder hatte er sich nur irgendwo gestoßen? „Und nicht am Zügel reißen", erklärte Anna. „Wenn es irgendein Problem gibt, dann rufst du einfach."

Luisa hatte in der Zwischenzeit Fee gesattelt. Es konnte losgehen!
Schnell wischte Anna die Sorgen um Jan fort. Im Moment ging es ihm auf jeden Fall gut. Lächelnd saß er auf dem kräftigen kleinen Pony.
Zorro und Fee bewältigten die beiden Oxer und die kleine Mauer wie immer problemlos. Fröhlich galoppierten Anna und Luisa auf ihren Ponys durch die Bahn.
Zwischen den Sprüngen sahen sie hin und wieder nach Jan, der auf Struppi seine Runden drehte. Mittlerweile schien er mit seinen Gedanken ganz weit weg zu sein und nahm auch seinen Hund kaum wahr.

Zuerst hatte Benni ihm mit lautem Kläffen klarzumachen versucht, dass er es gar nicht toll fand, dass sein Herrchen auf dem Rücken des Ponys saß. Aber dann hatte er sich damit abgefunden, und nun sprang der Jack-Russel-Terrier durch das Gras und jagte Grashüpfer.
Auch wenn Anna beim Turnierreiten keinen großen Ehrgeiz entwickelte, liebte sie das Springreiten sehr. Es kribbelte immer so schön in der Magengegend, wenn Fee über die Hindernisse schwebte. In dem Moment, wenn sie gemeinsam in der Luft waren, fühlte Anna sich schwerelos. Und dann, einen kurzen Augenblick später, kam die Körperspannung, mit

der sie sich auf die Landung hinter dem Hindernis vorbereitete. Ihre volle Konzentration war gefordert. Ließ sie sich auch nur kurz ablenken, konnte der Sprung missraten.

So wie jetzt gerade. Aus dem Augenwinkel heraus beobachtete Anna Jan, der immer wieder einen scheuen Blick in Richtung des elterlichen Gehöfts warf, und schon war es geschehen. Sie schätzte den Anlauf falsch ein, Fee sprang viel zu spät ab und der Balken fiel polternd zu Boden!

Protestierend warf Fee den Kopf in den Nacken und wieherte laut.

„Ist euch was passiert?“, rief Luisa erschrocken und parierte Zorro durch. Anna schüttelte den Kopf und lenkte Fee einige Galoppsprünge durch die Bahn, damit die Stute sich beruhigen konnte. Sie hatte ein schlechtes Gewissen. Es war eindeutig ihr Fehler gewesen! Dann brachte auch sie ihr Pony zum Stehen und saß ab, um sicherzugehen, dass Fee sich nicht verletzt hatte. Aber alles war in Ordnung!

Anna schlang ihrem Pony die Arme um den Hals und vergrub ihr Gesicht in der Mähne. „Tut mir leid, Fee“, flüsterte sie. „Ich pass jetzt besser auf.“
Die braune Stute schnaubte gelassen. Sie hatte den Vorfall offenbar schon längst wieder vergessen.
Jan hingegen starrte sie mit großen Augen an. Wie versteinert saß er auf Struppis Rücken.
Anna lächelte ihn an. „Alles in Ordnung, Jan. So was kommt halt mal vor, wenn man nicht aufpasst. War mein Fehler!“
Doch ohne Struppi zum Stehen zu bringen, ließ er sich vom Rücken des Shetties gleiten und suchte das Weite.
„Was ist denn nun los?“ Luisa ritt zu dem kleinen Pony hinüber, um den Strick zu nehmen, bevor es darauftreten konnte. „Das soll einer verstehen. Es ist doch gar nichts Schlimmes passiert!“
Anna sah dem Nachbarjungen blinzelnd nach. Benni sprang ihm kläffend um die Füße und sah aus wie ein immer kleiner werdender weißer Flummi.
„Weißt du, was mir jetzt erst klar wird? Der kleine Fruchtzwerg hatte dieselben Klamotten an wie schon die ganzen letzten Tage.“

Luisa zog die Augenbrauen hoch. „Ehrlich? Ist mir gar nicht aufgefallen. Merkwürdig."
„Also, wenn du mich fragst, dann ist da irgendwas im Busch. Jan war jetzt jeden Tag hier! Und am linken Arm hat er so einen riesigen blauen Fleck." Anna spreizte die Finger, um die Größe zu demonstrieren. Dann nahm sie Luisa den Strick aus der Hand. „Gib her, ich bringe den kleinen Racker wieder auf die Weide."
Nachdenklich schaute Luisa zu, wie Anna Struppi zum Gatter brachte.
„Coole Sache, das!", riss sie plötzlich eine Stimme aus ihren Gedanken. Wie aus dem Nichts war Skippy aufgetaucht und lehnte sich lässig an den Holzzaun.
Der Zügel in Luisas Händen wurde zu einem Gummiband, der Sattel schien unter ihr nachzugeben und die Steigbügel schienen plötzlich mit Seife eingerieben zu sein. Ach du dicker Floh!, dachte sie, während ihr der Schweiß unter der Reitkappe hinabrann. Wo kam denn der jetzt so plötzlich her? Und warum war ihr das nur so unangenehm, dass Skippy sie beim Reiten beobachtete? Luisa holte tief Luft, um sich zu sammeln. „Ach weißt du, wir sind eigentlich gerade fertig mit dem Training."

Anna, die in diesem Moment wieder aufsitzen wollte, warf ihrer Freundin einen erstaunten Blick zu.

Bitte sag jetzt nichts Falsches!, flehte Luisa innerlich.

Anna räusperte sich nur und löste vor sich hin lächelnd den Sattelgurt.

Post für Anna

Das Eulennest war das geheime Versteck von Anna und Luisa. Hierhin zogen sie sich zurück, wenn sie für sich sein wollten.

Im alten Kornspeicher oberhalb der alten Tenne hatten sie es sich mit Strohballen und alten Decken so richtig gemütlich gemacht. Durch die ovalen Luken, die Eulenlöcher genannt wurden, hatten sie einen prima Ausblick auf den Hof.

Anna stemmte sich mit der Schulter gegen die Tür, die sich verzogen hatte und über den Boden schrappte.

„Eigentlich brauchten wir nur mal eine kleine Unterlegscheibe dazwischenzuschieben“, sagte Luisa und tippte auf das obere Türscharnier.

„Eigentlich müssten wir dann einfach mal daran denken, eine mit hier heraufzunehmen“, erwiderte Anna.

„Eigentlich kenne ich uns aber gut genug, um zu wissen, dass wir das ja doch immer wieder vergessen“, lachte Luisa.

„Bis meine Schulter vom Aufstemmen grün und blau ist", antwortete Anna und sogleich fiel ihr wieder die Prellung an Jans Arm ein.

„Was denkst du?", fragte Anna und ließ sich auf einen der Strohballen fallen. „Was ist los mit Jan? Ob da wirklich was schiefläuft bei denen zu Hause?"

„Und er hat wirklich so einen riesigen blauen Fleck?", hakte Luisa nach.

„Ja, wenn ich's dir doch sage!", rief Anna. „Bestimmt so groß wie ein Zehn-Euro-Schein."

Luisa schüttelte sich.

„Kannst du dir vorstellen, dass Jans Eltern ihren Sohn schlagen?", fragte Anna. „Ich meine, die wirken zwar ein bisschen sonderbar, aber eher schüchtern oder unbeholfen. Nicht brutal, meine ich."

Luisa zuckte die Schultern. „Ich glaube nicht, dass man Leuten das ansehen kann. Meist ist es doch so: Wenn es rauskommt, dann sagen alle: ‚Das hätte ich von dem nie gedacht!'"

„Wir sollten die Sache klären", schlug Anna vor.

„Wie willst du das denn anstellen?", fragte Luisa. „Bei Jans Eltern anklopfen und fragen, ob sie ihren Sohn schlagen?"

Anna tippte sich an die Schläfe. „Nee, jetzt mal im Ernst. Vielleicht kriegen wir ja aus Jan was raus."
„Wird bestimmt nicht leicht, er wirkt so verschlossen", entgegnete Luisa. „Kann ja sein, dass er sich wirklich nur gestoßen hat und es ihm peinlich ist."
„Ich frage mich, warum er sich vorhin so erschrocken hat und wo er jetzt hingelaufen ist", sagte Anna ehrlich besorgt.
Luisa hockte vor einer der Eulenluken. „Keine Sorge, da hinten flitzt er rum. Siehst du?"
Anna schaute nach unten, bemerkte aber als Erstes Skippy, der sein Fahrrad hinter dem Schuppen hervorgeholt hatte und sich nun mit der Gitarrentasche auf dem Rücken in den Sattel schwang. „Apropos peinlich. War dir das vorhin wirklich peinlich, dass Skippy uns beim Reiten zugeschaut hat?"
Luisa starrte auf ihre Fußspitzen. „Was heißt peinlich. Es war mir einfach unangenehm."
Anna grinste breit. „Du hast dich in ihn verguckt! Gib's zu!"
„Pah, hab ich gar nicht!", rief Luisa und ließ sich nach hinten auf den Po plumpsen. „Aber er ist irgendwie ... cool."
Anna hob die Hand. „Ja, total cool, wie er immer die Asche

von der Zigarette entfernt." Anna hielt Luisa die Hand vor die Nase und tat so, als schnippe sie mit dem Daumen an eine unsichtbare Zigarette, die ihr zwischen Zeige- und Mittelfinger klemmte. „Obercool!"

Luisa sprang auf. „Jaja, ich hab ja schon verstanden. Ich finde es ja auch total blöd, dass der raucht. Hab ich doch schon gesagt!"

„Du verstehst echt keinen Spaß!", blaffte Anna zurück. „Es gibt doofere Jungs. Ehrlich."

„Ups!", rief Luisa plötzlich und hielt sich die Hand vor den Mund. Mit einem heftigen Schlenker war Skippy gerade eben noch dem Postauto ausgewichen, das in einem Affenzahn auf den Hof gesaust kam. Beinahe wäre er in den Büschen gelandet. Fluchend hob Roberts Freund die Faust.

Postbote Holtkamp war wieder in Eile. Als er aus dem Wagen sprang, winkte er Skippy zu, um sich zu entschuldigen. Dann stopfte er die Post in die alte Zink-Milchkanne, die als Briefkasten am Pfosten hing, und war auch schon wieder verschwunden.

Luisa machte eine Bewegung, als wolle sie sich Wasser von der Hand schütteln. „Mannomann, der Holtkamp muss doch schon mehrere Magengeschwüre haben, so hektisch wie der immer ist."

„Iwo!" Anna erhob sich und zupfte sich ein paar Strohhalme von den Jeans. „Der hat ein richtig sonniges Gemüt. Immer hat der einen flotten Spruch auf den Lippen, und noch bevor man was darauf antworten kann, ist er auch

schon wieder verschwunden." Mit einem lauten Schrappen zog Anna die Tür auf. „Komm, ich glaube, bei uns gibt es heute Kuchen. Ich hab Hunger."

Als die Mädchen auf den Hof kamen, hatte Isabel die Post bereits aus der Milchkanne gefischt.

„Hallo, ihr beiden!", rief sie und hielt Anna einen Umschlag hin. „Hier, Post für dich!"

Anna nahm den Brief entgegen, wendete ihn, um einen Blick auf den Absender zu werfen, und spürte, wie ihr das Blut in den Kopf stieg.

„Von wem ist er?", fragte Luisa neugierig.

„Keine Ahnung, kein Absender drauf", flunkerte Anna, faltete den Brief in der Mitte und schob ihn in ihre Gesäßtasche. „Der Schrift nach vielleicht von Nora."

Doch der Brief war keineswegs von Annas kleiner Cousine, die eine Zeit auf dem Ponyhof im Mühlental verbracht hatte, als ihre Eltern nach einem schweren Autounfall im Krankenhaus lagen.

Der Brief war von Bastian. Und das ging Luisa nun wirklich nichts an!

Auch die allerbeste Freundin musste schließlich nicht immer alles wissen.

Später, nach Kakao und Kuchen, saß Anna auf der Kante ihres Bettes und drehte den Umschlag in den Händen. Sie ahnte schon, was drinsteckte.

Bastian war über Pfingsten mit einer Jugendgruppe auf dem Ponyhof im Zeltlager gewesen. Luisa und Anna hatten sich mit ein paar Kids aus der Gruppe angefreundet und mit ihnen verabredet, dass sie sich für das nächste Ferienlager an der Nordsee ebenfalls anmelden würden. Nun hatten sie aber zu lange gezögert und sehr zu ihrer Enttäuschung waren keine Plätze mehr frei gewesen.

Anna hatte von Bastian damals eine Flut von SMS bekommen, in denen er ihr mitteilte, wie traurig er darüber war, dass Anna nicht mit an die Nordsee fahren konnte.

Doch es gab noch eine zweite Chance. In den Herbstferien würde wieder ein Ferienlager stattfinden, an dem er und einige andere aus dem Reitlager teilnehmen würden. Anna und Luisa konnten sich doch hierzu anmelden! Wieder schickte Bastian mehrere SMS. In der letzten teilte er Anna mit, er würde ihr die Anmeldeformulare zuschicken.

Anna riss den Umschlag auf, entnahm ihm die Anmeldebögen und einen Brief. Sie musste lachen. Bastian hatte ein Foto mitgeschickt! Er grinste in die Kamera und hob beide

Daumen. Schnell ließ Anna das Foto in ihrer Nachttischschublade verschwinden.
Wie gern würde Anna Bastian wiedersehen! Er war wirklich supernett, nicht so einer, der um jeden Preis zeigen wollte, wie toll er war!
Doch es gab ein Problem. Luisa hatte signalisiert, dass sie überhaupt keine Lust hatte auf dieses Ferienlager im Harz. Als die Rede auf diese Reise gekommen war, hatte sie Anna angesehen, als hätte diese ihr gerade vorgeschlagen in ein Nonnenkloster einzutreten. „Also, im Sommer an die Nordsee fahren, das ist toll, aber im Herbst in den Harz? Was soll ich denn da?"
Anna hatte mit den Schultern gezuckt. „Wandern vielleicht?"
Luisa hatte jedoch nur ein verächtliches „Pft!" von sich gegeben und damit war das Thema für sie erledigt gewesen.
Anna steckte die Formulare in den Umschlag zurück. Den Brief schob sie unter das Kopfkissen. Den würde sie am Abend im Bett lesen. Sie seufzte. Sie musste mit Luisa reden. Und das ging am allerbesten beim nächsten gemeinsamen Ausritt.

Das Wetter meinte es gut mit Anna und Luisa. Die Spätsommersonne lachte von einem stahlblauen Himmel und tauchte das Münsterland in leuchtend gelbes Licht. Die letzten Schmetterlinge tanzten durch das bunte Asternbeet. Sie wurden langsam träge.

Die Freundinnen schleppten die Sättel zum Gatter, wo Zorro, Fee und die Shetlandponys schon auf sie warteten. Auch Digger, Isabels hellbrauner Wallach, hatte offenbar Lust auf eine Tour durch das Mühlental und wartete geduldig am Zaun.

Anna spürte ein leichtes Kribbeln im Bauch.

Obwohl Luisa ihre beste Freundin war, war sie ein bisschen aufgeregt, weil sie mit ihr über das Ferienlager sprechen wollte. Oder vielleicht gerade weil Luisa ihre beste Freundin war?

„Achtung, Klettenalarm!“, zischte Luisa grinsend. Aus dem Augenwinkel heraus hatte sie gesehen, dass Jan aus der Scheune gehuscht war und sich ihnen an die Fersen geheftet hatte.

Seinen Schreck vom letzten Reiterlebnis hatte er offenbar überwunden, denn jetzt fragte er sie, ob er nicht mit ihnen ausreiten dürfe.

Oh nein, nicht heute!, dachte Anna. Sie wollte doch unter vier Augen mit Luisa sprechen.
„Klar, warum nicht!“, rief diese.
Anna drehte Jan den Rücken zu und warf ihrer Freundin einen Blick zu, der ihr sagen sollte, dass sie heute gar keine Lust darauf hatte, für Jan den Pausenclown zu spielen. Dann drehte sie sich ruckartig um. „Hör zu, Jan. Wo wir heute langreiten wollen, das ist nichts für Anfänger, verstehst du?“
Jan schürzte die Lippen. Die Enttäuschung stand ihm ins Gesicht geschrieben.
Tröstend legte Anna ihm die Hand auf die Schulter. „Pass auf, ich mache dir einen Vorschlag. Du darfst hinter mir auf Fee bis zu eurem Hof mitreiten. Da setzen wir dich dann ab.“
Jan wurde rot. Er blickte zu Boden und schüttelte den Kopf. „Nö, lass mal.“ Dann drehte er sich um und schlenderte über den Hof Richtung Pferdestall.
„Willst du uns denn nicht helfen, die Ponys zu putzen?“, rief Anna, die inzwischen ein schlechtes Gewissen bekommen hatte, ihm hinterher. Aber Jan war schon zu weit weg und konnte sie nicht mehr hören.

„Was sollte das denn?“, fragte Luisa vorwurfsvoll. „Ich dachte, wir wollten uns um ihn kümmern!“
Anna fühlte einen Knoten in der Magengegend. „Ja, schon. Aber das heißt doch nicht, dass er immer bei uns rumhängen muss, oder?“, antwortete sie gereizt. Sie ärgerte sich über sich selbst. Dass sie es nicht fertigbrachte, Luisa zu sagen, dass sie etwas Wichtiges mit ihr zu besprechen hatte. Und dass Jan dabei störte. Aber war dieses Gespräch wirklich wichtiger, als einem kleinen Jungen zu helfen, der vielleicht in Not war?
Bedrückt ritten sie wenig später los.

Drohende Katastrophe

Es kostete Anna große Überwindung zuzugeben, dass sie einen Fehler gemacht hatte. „Es ist nur so, dass ich mal mit dir allein reden wollte“, gab sie zu. „Das ist dumm gelaufen, dass Jan ausgerechnet heute zum Reiten mitwollte.“

„Ja, wirklich dumm gelaufen“, gab Luisa gereizt zurück. „Mensch, überleg mal, wo er doch letztens so einen Schreck gekriegt hat, und trotzdem wollte er heute wieder reiten.“

Anna schwieg. Luisa hatte recht.

Eine Weile ritten sie, ohne ein Wort zu sagen, nebeneinanderher. Nur das Stapfen der Hufe war zu hören und das Zischen der Ponyschweife, wenn Zorro und Fee lästige Insekten verjagten. Anna und Luisa achteten kaum auf ihre Umgebung. Beide warteten darauf, dass die andere etwas sagte.

Luisa war es schließlich, die den Anfang machte. Da waren sie schon auf dem Rückweg. „Worüber wolltest du denn nun mit mir reden?“

Anna holte tief Luft und atmete geräuschvoll aus. „Über das Ferienlager im Harz.“

Luisa verdrehte die Augen. „Jetzt fang bloß nicht wieder damit an. Ich habe dir doch gesagt, dass ich darauf absolut keinen Bock habe.“

„Jaja“, gab Anna patzig zurück. „Das habe ich inzwischen kapiert.“

„Und warum willst du mich dann jetzt schon wieder dazu überreden?“, fragte Luisa gereizt.

„Ich will dich doch gar nicht überreden!“, protestierte Anna. „Aber ich will mich trotzdem anmelden.“

Abrupt parierte Luisa ihr Pony durch. Zorro schnaubte missmutig. „Machst du Witze?“

Es fühlte sich an, als rutsche Anna das Herz bis in die Kniekehlen.

Sie hätte es sich denken können. Jetzt war Luisa erst recht sauer! „Ich weiß“, sagte sie kleinlaut. „Ich hatte dir versprochen, dass wir in den Herbstferien zusammen an diesem Schnuppertauchkurs teilnehmen.“

Luisas Kehle entfuhr ein Geräusch, als habe sie ein verstopftes Ventil verschluckt. Mit solch einem Wutausbruch hatte Anna nicht gerechnet.

Doch Luisa war überhaupt nicht sauer. Sie wurde von einem heftigen Lachanfall geschüttelt!
„Glaubst du im Ernst, dass ich nicht auch ohne dich zu diesem Tauchkurs gehen kann? Fahr doch in den Harz und lass dich beim Wandern nass regnen! Da musst du nicht mich um Erlaubnis fragen, sondern deine Eltern. Schließlich müssen die das bezahlen."
Anna fiel ein Stein vom Herzen. „Du bist nicht böse?"
Luisa schüttelte so heftig den Kopf, dass ihre Reitkappe hin und her rutschte. „Wieso sollte ich? Wir sind doch keine siamesischen Zwillinge!" Plötzlich hielt sie die Nase in die Luft. „Riechst du das auch?"
Anna schnupperte. Es roch verbrannt! „Vielleicht fackelt einer der Bauern wieder irgendwas auf seinem Hof ab."
Luisa versuchte festzustellen, woher der Wind kam, und auf einmal drückte sie Zorro die Fersen in die Flanken.
„Das kommt vom Ponyhof!", rief sie aufgeregt.
„Bist du sicher?", fragte Anna verwirrt. „Aber wer sollte da was verbrennen?"
Außer Atem erreichten sie die Hügelkuppe. Das Herz schlug ihnen bis zum Hals, als sie die Flammen entdeckten.

Ein Schrei entfuhr Anna. Das letzte Stück des Weges war asphaltiert und eignete sich eigentlich nicht zum Galoppieren. Aber sie war nicht in der Lage, darüber nachzudenken. Sie sah nur die Flammen, die in den blauen Himmel züngelten. Mit einem Mal schossen ihr die Bilder aus der Fernsehserie wieder durch den Kopf, wo Ställe und Häuser lichterloh gebrannt hatten. „Nein!“, schrie Anna. „Nein!“
Erst auf dem Hof hatte Luisa Anna eingeholt. Von Zorros Rücken beugte sie sich zu Anna vor und packte sie an der Schulter. „Beruhige dich, es ist nur der Schuppen!“

Isabel stand in sicherer Entfernung vor dem alten Holzschuppen. Robert kam mit zwei Eimern angerannt. Immer wieder schwappte Wasser über seine Hose. Jetzt eilte auch Rolf herbei, sein Handy am Ohr.

Robert goss das Wasser ins Feuer, doch die Flammen züngelten sofort wieder empor. Isabel zog ihn am Arm zurück und schüttelte den Kopf.

Anna schob Luisas Hand fort. „Die Flammen können auf die anderen Gebäude übergreifen!"

„Aber der Schuppen steht weit genug weg und der Wind weht in die andere Richtung!", hörte Anna Luisas Stimme wie durch Watte. „Sehen wir lieber zu, dass wir Zorro und Fee hier wegbringen. Die haben Angst."

Jetzt erst wurde Anna bewusst, wie nervös Fee unter ihr tänzelte, obwohl sie sich nicht in der Nähe des Feuers befanden.

„Komm!", rief Luisa ruhig. „Wir können da jetzt eh nichts tun."

Anna seufzte. Wieder einmal hatte ihre Freundin recht.

Als sie zum Schuppen zurückkehrten, waren die Martinshörner schon zu hören. Drei Feuerwehrfahrzeuge kamen kurz darauf die Zufahrt heruntergebraust.

Alle hatten sich an der Brandstelle eingefunden. Neben Annas Familie auch Adelheid, einige Reitschüler und sogar ein paar Leute, die mit ihren Tieren zu Adelheids Tierarztpraxis gekommen waren.

Anna schlich an die Seite ihrer Mutter. „Wie ist das passiert, Mama?“

Isabel legte ihr den Arm um die Schultern. „Ich habe keine Ahnung, mein Schatz. Seien wir froh, dass es nur der alte Schuppen ist.“ Isabel versuchte gelassen zu klingen, aber dennoch überhörte Anna den sorgenvollen Ton in ihrer Stimme nicht.

Jetzt ging alles sehr schnell. Überall rannten nun Feuerwehrleute umher, zogen Schläuche von den riesigen Rollen auf den Fahrzeugen, koppelten weitere aneinander, riefen sich kurze Kommandos zu. Anna schnappte das Wort Löschwasser auf. Hier im Außenbereich gab es keine Hydranten! Mussten sie das Wasser jetzt erst herbeischaffen? Der alte Mühlteich! Wie gut, dass es ihn gab!

Nun dauerte es nicht mehr lange, und Anna und Luisa sahen, wie das Wasser aus den riesigen Schläuchen auf das Feuer hinabregnete. Nur wenige Minuten später hatten die Flammen fauchend und zischend aufgegeben. Dünne grauweiße Rauchfäden schraubten sich in den Himmel.

Erleichtert schaute Luisa sich um, ließ ihren Blick über die Leute schweifen, die sich neugierig um die Brandstelle versammelt hatten. Plötzlich stutzte sie. Einer fehlte.

Die Entdeckung

Noch immer lag Brandgeruch in der Luft. Nachdem Rolf mit dem Frontlader die verkohlten Trümmer auseinandergezogen hatte, um die letzten Glutnester freizulegen, hatten die Feuerwehrleute diese gelöscht. Dann waren sie abgezogen. Nur zwei von ihnen waren mit dem kleinen Fahrzeug noch für zwei Stunden als Brandwache zurückgeblieben und hatten sich sehr gern mit Kaffee und Kuchen bewirten lassen.

So saß man noch eine Weile beim gemütlichen Plausch beisammen und fachsimpelte darüber, wie es zu dem Brand hatte kommen können. Die Feuerwehrleute rieten Rolf und Isabel dringend die elektrischen Leitungen, die nicht im Zuge der Sanierung ersetzt worden waren, überprüfen und gegebenenfalls erneuern zu lassen.

Anna und Luisa gingen noch einmal zu der Brandstelle und betrachteten die schwarzen Trümmer. Neben verbranntem Holz entdeckten sie eine alte verkohlte Petroleumlampe,

Reste von einer Rolle Maschendraht und zwei zusammengeschmolzene Eimer, die einen strengen Geruch von verbranntem Plastik verströmten.
„Mama sagt, ein Gutes hätte es“, sagte Anna. „So brauchen wir den Schuppen nicht mehr aufzuräumen. Es war sowieso nur alter Krempel darin, den keiner mehr braucht.“
Luisa hielt Anna am Arm zurück. „Pass auf, dass du dich nicht einsaust. Rußflecken gehen schlecht raus.“
Plötzlich stutzte Anna. Sie hatte etwas entdeckt. „Ich fress einen Besen. Siehst du das auch?“
Anna ging in die Hocke und fischte ein kleines, glänzendes Teil aus dem Gras. Es hatte am Rand gelegen, sodass es von den Flammen verschont geblieben war.
„Was ist das?“, fragte Luisa neugierig.
„Erkennst du das nicht?“, flüsterte Anna. Sie wollte nicht, dass die Erwachsenen etwas mitbekamen. „Denk mal an Jans Anorak!“
Schlagartig wurde Luisa klar, was Anna da in der Hand hielt! Jans Jacke hatte vorn auf der Brust eine Tasche, an die eine Lasche mit einem kleinen Delfin aus Metall angenäht war. Diesen Anhänger hatte Anna im Gras gefunden. „Au verdammt!“, zischte Luisa. „Das heißt, dass Jan hier gewe-

sen sein muss. Als wir ihn vorhin gesehen haben, war der Delfin noch dran. Da bin ich mir ganz sicher."

„Was hat das zu bedeuten?", fragte Anna halblaut.

Luisa nahm ihr den kleinen Gegenstand aus der Hand und ließ ihn in ihrer Faust verschwinden. „Erst mal besagt das nur, dass der Knirps hier gewesen ist."

Doch sie kannten sich gut genug, um zu wissen, dass ihnen beiden dieselbe Frage durch den Kopf spukte. Hatte Jan womöglich etwas mit dem Feuer zu tun? Hatte er den Schuppen aus Versehen in Brand gesteckt?

„Mir ist vorhin auch aufgefallen, dass er als Einziger nicht hier war“, meinte Luisa. „Ich meine, alle sind hergerannt, um sich das Spektakel anzugucken, und ausgerechnet da, wo es richtig was zu sehen gab, war Jan nicht da. Obwohl er doch in letzter Zeit immer bei uns auf dem Hof war.“

Mit einem Mal bekam Anna weiche Knie. Ein unangenehmer Gedanke war ihr durch den Kopf geschossen. Das Blut pochte ihr vor Aufregung in den Schläfen.

Anna zog Luisa ein Stückchen weiter von den Erwachsenen weg. „Hör mal, ist es nicht so, dass Kinder, die Probleme haben, manchmal irgendwelche Dummheiten anstellen, um auf sich aufmerksam zu machen?“

„Du meinst, Jan hat den Schuppen angezündet, um beachtet zu werden? Oder vielleicht auch aus Trotz?“, hakte Luisa nach.

Anna zuckte die Schultern. „Überleg mal, wie er vorhin abgehauen ist. Er war total gekränkt, weil ich ihm gesagt habe, dass er heute nicht mitreiten kann."
Luisa tippte Anna mit dem Zeigefinger auf die Brust. „Wir dürfen keine voreiligen Schlüsse ziehen! Und vor allem solltest du dir nicht einreden, dass dich womöglich noch die Schuld trifft!"
Anna hätte heulen können. „Und wenn es aber doch so ist?"

„Hör schon auf!“, schimpfte Luisa und ließ die Stofflasche mit dem Delfin in der Hosentasche verschwinden. „Komm, wir können ja mal schauen, wo Jan steckt.“

Doch der kleine Junge und sein Hund waren wie vom Erdboden verschluckt.

„Hast du Jan irgendwo gesehen?“, fragte Anna Robert, der gerade dabei war, sich mit einer glibberigen grünen Reinigungspaste den Ruß von den Händen zu waschen.

Ihr Bruder überlegte einen Moment. „Hm, vor ein paar Stunden. Ja, als Skippy nach Hause gefahren ist, da hat er sich draußen rumgetrieben mit seiner komischen Gummiratte, Benni oder wie das Vieh heißt. Kurz darauf hat's ja

auch schon gebrannt, da hab ich nicht mehr darauf geachtet. Wieso fragst du?"
Anna winkte ab. „Ach nur so, er hat hier was vergessen, das wollte ich ihm geben. Na ja, der taucht schon wieder auf."
Robert grinste seine Schwester an. „Darauf kannst du Gift nehmen. Der treibt sich ja nur noch hier rum. Vielleicht ist er jetzt ausnahmsweise mal nach Hause gegangen."
Anna zögerte. Sollte sie sich ihrem Bruder anvertrauen? Sollte sie ihm erzählen, welche Vermutung Luisa und sie schon seit Tagen hegten? Anna war hin und her gerissen. Keine voreiligen Schlüsse ziehen!, hatte Luisa gesagt. Wenn nun alles nur ein Hirngespinst war? Aber was war, wenn Jan tatsächlich für das Feuer verantwortlich war? Durfte sie ihn verraten? „Wie steht's denn mit eurer Band?", fragte Anna, um schnell das Thema zu wechseln. „Habt ihr schon Leute gefunden?"
Robert schüttelte den Kopf, während er mit einer kleinen Nagelbürste an seinen Fingern herumschrubbte. „Skippy hat ein paar Aushänge gemacht und außerdem in so einer Musikerzeitung inseriert. Und ich schau halt in diversen Foren im Internet."

„Macht ihr dann ein Casting oder so was?“, fragte Anna.
„Na klar!“, rief Robert. „Die müssen schon zeigen, was sie draufhaben. Wir nehmen schließlich nicht jeden. Leute, die so einigermaßen gut spielen, kennen wir genug!“
Aha, dachte Anna. Ihr haltet euch also für welche, die es richtig drauf haben! Sie verdrehte die Augen und ließ ihren Bruder stehen.
Nachdem Robert und Rolf am Abend noch einmal die Brandstelle kontrolliert hatten, um sicherzugehen, dass auch alle Glutnester endgültig erloschen waren, hatte die Familie sich im Wohnzimmer versammelt. Auch Adelheid war auf ein Glas Wein herübergekommen und hatte Luisa mitgebracht.
Die beiden Freundinnen saßen am Tisch und spielten *Mensch-ärgere-dich-nicht*. Anna wurde langsam nervös. Es wollte ihr einfach nicht gelingen, eine Sechs zu würfeln.
„Habt ihr den Elektriker schon angerufen?“, erkundigte sich Adelheid.
Rolf nickte betrübt. „Tja, das sind wieder so elendige Extrakosten!“
„So darfst du das nicht sehen, Rolf“, wandte Isabel ein. „Wir sind mit einem blauen Auge davongekommen. Es

hätte auch ein wichtiges Gebäude treffen können. Oder stell dir vor, der Wind hätte aus einer anderen Richtung geweht. Wie schnell hätte das Feuer auf die anderen Gebäude übergreifen können."

Adelheid nickte zustimmend. „Isabel hat verdammt recht. Was sind dagegen schon ein paar Euro für den Elektriker. Vorbeugung ist eben notwendig. Wenn du Pech hast und die Leitungen schadhaft waren, dann zahlt nicht mal die Versicherung und ihr schaut in die Röhre!"

Anna hatte Mühe, sich auf das Spiel zu konzentrieren.

Da redeten die Erwachsenen nun über diese dusseligen Stromleitungen, dabei wusste Anna es doch besser. Verantwortlich für den Brand war vermutlich der kleine Nachbarjunge! Und wenn Anna nun bedachte, was Isabel gesagt hatte ... Hätte der Wind anders gestanden, hätte es zu einer großen Katastrophe kommen können!

Plötzlich spürte Anna eine große Wut in sich aufsteigen. War das der Dank dafür gewesen, dass sie sich in letzter Zeit so viel um Jan gekümmert hatten?

„Anna!", riss Luisa sie aus ihren Gedanken. „Du bist dran!"

Anna würfelte. Erleichtert zählte sie sechs Augen!

Jan blieb dem Ponyhof auch in den nächsten Tagen fern. Weder er noch Benni tauchten in den Ställen auf.

„Irgendwie fehlt was, wenn Jan nicht hier ist, finde ich", sagte Luisa und sah Robert dabei zu, wie er mit dem Trecker die letzten Trümmer von der Brandstelle wegräumte. Isabel und Rolf hatten beschlossen, noch ein bisschen mehr zu investieren. Anstatt den Schuppen wieder aufzubauen, sollte für die Reitschüler und Feriengäste ein solider Fahrradschuppen entstehen. Auch wollten sie Leihfahrräder anschaffen. Das waren wieder Ausgaben, die erst einmal wehtaten, die Ferienwohnungen aber noch attraktiver machten.
Anna zögerte deshalb, ihre Eltern zu fragen, ob sie sich für das Ferienlager anmelden durfte. Doch zu lange konnte sie damit nicht mehr warten. Die Zeit drängte!
„Wenn du mich fragst, dann ist das reichlich auffällig, dass Jan sich nicht mehr hier blicken lässt, seit es gebrannt hat",

meinte Anna. „Ich sage dir, der hat was damit zu tun. Denk an den Delfin!“

Aber Luisa sah das anders. „Mensch, Anna, steigere dich da bloß nicht rein! Es kann tausend Gründe geben, warum Jan nicht herkommt. Vielleicht hat das Feuer ihm einfach Furcht eingeflößt! Du hast doch gemerkt, wie ängstlich er in letzter Zeit war. Oder vielleicht hat sich bei denen zu Hause die Lage beruhigt. Wer weiß?“

„Und der Delfin?“, fragte Anna schnippisch.

„Heißt nicht, dass er den Schuppen angezündet hat“, antwortete Luisa.

Pah!, dachte Anna. Luisa hatte gut reden. Es war ja auch nicht ihr Schuppen, der hier abgebrannt war. Die Kosten hatten Annas Eltern zu tragen. „Ich gehe meiner Mutter helfen“, sagte sie und drehte auf dem Absatz um. Sie steuerte auf den Stall zu, wo Isabel mit dem Ausmisten einiger Boxen beschäftigt war. Luisa hatte verstanden und blieb zurück.

Isabel freute sich über die Hilfe. „Aber was machst du denn für ein Gesicht, Anna?“

„Ach, nix, schon gut“, winkte diese ab, schnappte sich eine Mistgabel und verschwand in einer der Boxen. Hier hatte sie ihre Ruhe. Ihr schwirrten so viele Gedanken durch den Kopf, dass ihr ganz schwindelig wurde. Jan, das Feuer, Bastian, das Ferienlager, Skippy und Luisa … Eins nach dem anderen!, versuchte sie sich selbst zu beruhigen. Du kannst nicht über alles gleichzeitig nachdenken!

Das Ferienlager. Vielleicht war jetzt eine gute Gelegenheit, mit Isabel darüber zu reden. „Mama?“ Anna stützte sich auf den Stiel der Mistgabel und spähte über die Wand der Box, in der Isabel sich gerade zu schaffen machte. „Ich habe dir doch letztens von diesem Ferienlager erzählt.“

Isabel blickte nur kurz von ihrer Arbeit auf, um die Forke gleich darauf wieder in die Einstreu zu stechen. „An der Nordsee? Da habt ihr euch doch zu spät angemeldet, dachte ich.“

Anna schluckte. Wusste Isabel denn nicht mal mehr, dass sie ihr von dem Lager im Harz erzählt hatte? „Nein, Mama, das doch nicht. Das Lager im Harz, in den Herbstferien."

Jetzt richtete Isabel sich auf und blickte ihre Tochter direkt an. „Was willst du denn im Herbst im Harz?"
Anna rutschte das Herz in die Hose.

Das hätte sie sich ja denken können, dass der Vorschlag auf wenig Gegenliebe stieß.
Und wenn sie jetzt auch noch sagte, was es kosten würde, dann war es sicher ganz aus.
„Na, wandern zum Beispiel!“, rief sie mit schriller Stimme. „Einfach mal was unternehmen. Andere Leute sehen. Die Kids aus dem Pfingstlager wiedertreffen.“
„Hm“, machte Isabel und fuhr mit ihrer Arbeit fort. Anna hatte keine Ahnung, ob das ein gutes oder ein schlechtes „Hm“ war.
„Und was soll das kosten?“, wollte ihre Mutter schließlich wissen.
„Zweihundertachtzig Euro. Inklusive Fahrt, Unterkunft und Verpflegung“, erklärte Anna. „Ist nur eine Woche.“
„Zweihundertachtzig Euro für eine Woche?“, hakte Isabel nach. „Mannomann, das ist nicht wenig.“
„Mama, bitte“, bettelte Anna.
„Ich muss das erst mit deinem Vater besprechen“, antwortete ihre Mutter. „Du weißt, dass wir im Moment eine Menge Kosten haben. Ich kann das nicht einfach so entscheiden. Und wandern kannst du ja zur Not auch hier, oder?“

Anna seufzte tief und verließ, ohne etwas darauf zu erwidern, den Stall. Draußen schnappte sie sich Kater Fridolin und hockte sich mit ihm auf die Treppe vor dem Haus. Dann glänzten die ersten Tränen in seinem schwarzen Fell. Alles war doof.

Annas Fehler

Am nächsten Tag blieb Luisa länger in der Schule, um an der Volleyball-AG teilzunehmen. Anna fuhr allein nach Hause. Im Bus aß sie noch ihr letztes Butterbrot und verschwand zu Hause mit dem Kommentar „Hab keinen Hunger!“ in ihrem Zimmer, obwohl aus der Küche der Duft von köstlicher Kartoffelsuppe zu ihr hochwehte.

Auf dem Schreibtisch lag das Anmeldeformular für das Ferienlager! Anna hatte am Abend, nachdem sie Bastians Brief zum hundertsten Mal gelesen hatte, hin und her überlegt. Auf ihrem Sparkonto war nicht mehr genug Geld. Das hatte sie in neue Reithosen und einen MP3-Player investiert. Ob sie ihre Patentante anpumpen sollte? Das wiederum war ihren Eltern sicher nicht recht. Wie standen sie dann da, dass sie ihrer Tochter nicht mal das Ferienlager finanzieren konnten?

Von ihren Eltern hatte Anna noch immer keine Antwort bekommen. Ob Isabel überhaupt daran gedacht hatte, mit

Rolf darüber zu reden? Was Anna da im Bauch spürte, war eindeutig ein Wutknoten.
Kurz entschlossen schlüpfte sie in ihre Reithosen, schnappte sich die Kappe und ging hinaus, um Fee für einen Ausritt fertig zu machen.
Vorsichtshalber warf sie noch einen Blick auf den Unterrichtsplan, um sicherzugehen, dass Fee nicht gerade in einer der Lektionen gebraucht wurde. Nein, die Stute hatte frei.
„Bei dir geht es mir immer noch am besten", flüsterte Anna, die Nase in Fees Mähne vergraben. „Hier, heute hab ich dir ein paar Möhren mehr mitgebracht."
Mit ihren Samtlippen pflückte die braune Stute vorsichtig das Gemüse von Annas Hand und verspeiste es mit einem knurpsenden Geräusch. Kurz darauf waren sie auf dem Weg durch das Mühlental.
Anna hatte kaum darauf geachtet, wo sie langgeritten war. Aber zum Glück kannte Fee den Weg.
Allmählich kam sie zur Ruhe und genoss das Gefühl, von ihrem Pony getragen zu werden. Immer wieder strich sie mit der Hand über Fees samtweiches Fell. Das war doch immer noch das Schönste, mit Fee durch das Mühlental zu streifen!

Plötzlich fand sich Anna vor dem Hof von Jans Eltern wieder. Es war nur ein kleines Gehöft, mit einer Scheune und einem Stallgebäude neben dem Wohnhaus, welches ein wenig baufällig wirkte. Jans Vater Bernd Langemeyer arbeitete für die größeren Bauern als Lohnunternehmer, so viel wusste Anna. Von seinem eigenen kleinen Hof konnte er die Familie nicht ernähren, den führte er nebenbei als zusätzliche Einnahmequelle.
Anna brachte Fee zum Stehen und ließ ihren Blick über den Hof schweifen. Er wirkte wie ausgestorben. Keine Hühner waren zu sehen, keine Kuh muhte, keine Maschine ratterte, auch Benni war nirgendwo zu sehen.
Plötzlich wurde jedoch eine Tür geöffnet. Jans Vater trat aus dem Stall und schlurfte mit knurrigem Gesicht über den Vorplatz.
Und mit einem Mal hatte Anna das Gefühl, genau zu wissen, wie alles zusammenhing. Jans Vater war mies drauf. Vielleicht hatte er Sorgen. Auf jeden Fall ließ er seinen Frust an seinem Sohn ab. Jan hatte auf dem Ponyhof Zuflucht gesucht. Anna und Luisa sollten auffangen, was sein Vater verbockt hatte, und das hatten sie auch eine Weile getan.

Und nun, wo sie einmal keine Lust hatten, sich um Jan zu kümmern, hatte dieser aus Verzweiflung, dass er wieder verstoßen wurde, einfach den Schuppen angezündet. Ausbaden durften das jetzt Rolf und Isabel. Und Anna. Denn sie konnte nicht mit ins Ferienlager.

Ehe Anna wirklich bewusst war, was sie tat, hatte sie Fee die Fersen in die Flanken gedrückt.

Jans Vater hatte das Hufgeklapper auf dem Asphalt gehört, war stehen geblieben und hatte sich umgedreht. Er stemmte sich die Hände in die Seiten und kniff die Augen zu Schlitzen zusammen. „Na, sieh mal einer an“, sagte er.
Anna war verwirrt. Was sollte das denn heißen? Für sie klang das wie: Was hast du hier verloren? „Ich wollte mich nur bei Ihnen bedanken!“, rief Anna.
Der Bauer machte zwei Schritte auf sie zu. „Bedanken? Wofür?“
Instinktiv wich die Ponystute zurück. „Dafür, dass ich jetzt nicht mit ins Ferienlager fahren kann!“
Jans Vater sah ehrlich verwirrt aus. „Ich verstehe nicht! Was kann ich dafür?“
„Sie verstehen auch gar nichts!“ Jetzt klang Annas Stimme hysterisch. „Sonst würden Sie Jan auch nicht so eine Angst einjagen. Und sonst wüssten Sie, warum er unseren Schuppen angezündet hat!“
„Was?“ Der Bauer lief rot an. „Jan? Euren Schuppen?“
„Ja, wo steckt er überhaupt?“ Anna blickte sich suchend um. „Ist er jetzt ganz abgehauen?“
„Aber was redest du denn da?“ Jans Vater zeigte in Richtung Wohnhaus. „Er ist drinnen bei seiner Mutter und

macht Hausaufgaben. Meine Frau ist … Wieso soll er euren Schuppen …?“

Doch Anna wartete nicht ab, bis Herr Langemeyer zu Ende gesprochen hatte. Plötzlich krampfte sich ihr Magen zusammen. Schlagartig wurde ihr klar, dass sie einen großen Fehler gemacht hatte. Was hatte sie sich bloß dabei gedacht? Eilig wendete sie Fee und trieb sie zum flotten Trab an. Nur schnell weg hier!

Anna hatte Luisa gar nicht kommen hören. Aber plötzlich stand sie hinter ihr im Eulennest und legte ihr eine Hand auf die Schulter. „Ach, hier bist du!“, sagte sie und hockte sich zu Anna auf den Strohballen. „Was ist los? Du weinst ja!“

Ein dicker Kloß schnürte Anna die Kehle zu. Sie wollte antworten. Aber es ging nicht.

Jetzt legte Luisa ihr den Arm um die zitternden Schultern und Anna ließ die Tränen laufen, bis sie warm und salzig ihre Lippen erreichten. Schluchzend wischte sie sie mit dem Handrücken fort. „Was ist denn los?“, fragte Luisa erneut. „Ich habe großen Mist gebaut. Ganz großen Mist!“, schniefte Anna.

Luisa erwiderte nichts. Sie blieb einfach neben ihrer besten Freundin sitzen, drückte ihr ein Papiertaschentuch in die von Tränen nasse Hand und wartete, bis sie von selbst zu erzählen begann.

Stotternd und schluchzend berichtete Anna, was auf dem Hof von Jans Eltern passiert war. Und dass sie plötzlich das Gefühl bekommen hatte, dass sie mit allem falschlag. Immer wieder musste Anna ihren Bericht unterbrechen, um sich die Nase zu schnäuzen. Das Tempo war inzwischen vollkommen aufgeweicht. „Ich schäme mich so“, jammerte sie. „Ich wünschte, ich könnte die Uhr zurückdrehen. Ich bin so bescheuert.“

Luisa holte geräuschvoll Luft. „Das ist ja schon lange bekannt, dass man das leider nicht kann. Die Uhr zurückdrehen, meine ich.“

„Was soll ich denn nun tun?“, fragte Anna. „Ich meine, vielleicht hält Jans Vater mich jetzt für plemplem und verliert kein Wort darüber und …“

„Spinnst du!“, rief Luisa empört. „Du willst einfach abwarten und so tun, als wäre nichts gewesen? Und was ist, wenn Jans Vater doch so ein Prügelheini ist, und der Knirps kriegt jetzt die Hucke voll? Nur weil du behauptet hast, er hätte den Schuppen in Brand gesteckt?“

„Wenn er es getan hat, dann hat er es auch verdient“, sagte Anna trotzig.

Wütend sprang Luisa auf. „Das hast du jetzt nicht wirklich gesagt, oder? Du hast wohl nicht alle Tassen im Schrank, Anna.“

Wieder fingen die Tränen an zu fließen. Mache ich denn jetzt alles falsch?, dachte Anna verzweifelt. Luisa war wie immer die Vernünftige. Warum war sie selbst nicht so?

„Nein, das habe ich natürlich nicht so gemeint", gab sie kleinlaut zu. „Kinder zu verprügeln ist immer Mist, egal, was sie angestellt haben. Ach, ich weiß auch nicht, was ich denken soll."

„Dann solltest du dir darüber aber schnell klar werden." Luisa spähte durch eines der Eulenfluglöcher. „Jans Vater ist nämlich im Anmarsch und zieht den kleinen Fruchtzwerg hinter sich her."

Keiner weiß, dass ich hier oben bin!, schoss es Anna im ersten Moment durch den Kopf. Aber im selben Augenblick wusste sie, was Luisa jetzt sagen würde.

„Es nützt nichts, Anna, da musst du jetzt durch. Los, wir gehen runter. Das bist du Jan schuldig. Ich bin ja bei dir."

Alles wird gut, Anna!

Als Anna und Luisa die Leiter vom Heuboden hinuntergestiegen und durch die Tenne marschiert waren, hatte Jans Vater schon an die Haustür geklopft, und Rolf hatte ihm geöffnet. Jan hatte sich losgerissen und stand mit verrotztem Gesicht neben seinem Vater.

Plötzlich richteten sich alle Blicke auf Anna.

„Da ist sie ja!“, rief Herr Langemeyer.

Wo ist das Mauseloch, in das ich mich verkriechen kann?, fragte sich Anna.
Luisa gab ihrer Freundin einen sanften Schubs. „Flucht nach vorn!“, zischte sie ihr ins Ohr.
Auf wackeligen Knien ging Anna auf das Grüppchen zu, das an der Haustür auf sie wartete.
„Anna“, begann Rolf. „Herr Langemeyer hier sagt, du hättest behauptet ... Aber, Entschuldigung. Lassen Sie uns doch bitte reingehen.“
Rolf hielt die Tür auf, aber Jans Vater wollte nicht eintreten und zeigte verlegen auf seine schlammverschmutzten Gummistiefel.
„Also“, begann Rolf von Neuem. „Herr Langemeyer sagt, du hast ihm vorhin einen Besuch abgestattet und hättest behauptet, dass Jan unseren Schuppen angezündet hat.“
Anna schaute zu Boden. Sie konnte den eindringlichen Blick ihres Vaters nicht ertragen. „Es ist ja nur, weil ...“ Da war wieder dieser verdammte Kloß im Hals, der ihr das Sprechen unmöglich machte.
Luisa kam ihr zur Hilfe. Sie zog die Stofflasche mit dem Delfin aus der Hosentasche und ließ sie in der Luft baumeln. Jetzt musste für Klarheit gesorgt werden. Alles musste

auf den Tisch. „Anna will sagen, dass wir das hier an der Brandstelle gefunden haben. Natürlich besagt das erst mal gar nichts. Und was Anna da meinte, das war sicher zu voreilig, aber …“

Rolf trat näher heran und betrachtete den Stofffetzen mit dem kleinen Tierchen. „Was ist das?“

Luisa nickte Jan auffordernd zu. „Willst du es ihm erklären?“

Jan blickte erschrocken zu Boden und wurde rot. Dann zeigte er auf die Brusttasche seines Anoraks. „Mama hat schon geschimpft.“

Luisa blieb ganz ruhig. „Willst du uns vielleicht auch noch erzählen, warum dieser Stofffetzen am Schuppen gelegen hat, Jan?“

„Ich bin eben hängen geblieben“, antwortete dieser trotzig und zog geräuschvoll die Nase hoch, wofür er von seinem Vater einen mahnenden Blick erntete.

Herr Langemeyer begann in seinen Hosentaschen zu wühlen, offenbar auf der Suche nach einem Taschentuch. Ohne Erfolg. Luisa hatte ihr letztes Tempo Anna gegeben. Also musste Jan den Rotz laufen lassen oder hochziehen.

„Wie, du bist hängen geblieben?“, hakte Herr Langemeyer nach. „Was hattest du denn überhaupt da an dem Schuppen zu suchen? Und was hast du mit diesem Brand zu schaffen gehabt?“

„Ich habe versucht ihn zu löschen!“, brüllte Jan, die kleinen Hände zu Fäusten geballt.

Anna klappte die Kinnlade herunter. „Du hast was?“

„Na, ich habe versucht die Flammen auszutreten, da waren die noch ganz klein, aber ich habe es nicht geschafft!“, rief Jan aufgeregt. „Und dann habe ich Angst gekriegt und bin weggerannt, und dabei bin ich hängen geblieben. Weiß nicht wodran.“

„Aber warum hast du denn nichts gesagt?", wollte Luisa wissen. „Warum hast du keine Hilfe geholt, sondern bist weggerannt?"
Jan zögerte einen Augenblick. Seine Unterlippe zitterte, als er weitersprach. „Aber ich konnte doch den Skippy nicht verpfeifen. Der ist doch immer so nett zu mir!"
„Skippy!", riefen Anna und Luisa wie aus einem Mund.
Plötzlich arbeitete Annas Gehirn auf Hochtouren.
Jan war jetzt offensichtlich klar geworden, dass er alles sagen musste, was er wusste. „Ja, ich bin mit dem zum Schuppen gegangen. Der stellt sein Fahrrad doch immer da ab. Dann hat er seine Zigarette weggeworfen. Ausmachen wollte der die, aber ich hab gesehen, dass er danebengetreten hat. Genau gesehen hab ich das. Dann ist er weggefahren. Ich hab die ganze Zeit mit Benni gespielt, und als ich das nächste Mal zum Schuppen geschaut habe, da hat's schon gebrannt."
Annas Vater hatte die Stirn in Falten gelegt. „Mit dem muss ich wohl mal ein ernstes Wort reden."
Herr Langemeyer legte seinem Sohn unbeholfen die Hand auf die Schulter. Eine große Last schien von dem Jungen gefallen zu sein.

Nein, wurde Anna auf einmal bewusst. Dieser Mann hat seinen Sohn bestimmt nicht geschlagen. Was habe ich mir da nur eingeredet! Aber was war los gewesen mit Jan?

Herr Langemeyer holte tief Luft. Es war, als müsse er Anlauf nehmen, um weiterzusprechen. „Sie müssen wissen, Jan hat es in letzter Zeit nicht leicht gehabt. Meine Frau ist vorletzte Woche zusammengebrochen und musste ins Krankenhaus. Jan saß der Schreck ganz schön in den Knochen. Er hatte furchtbare Angst. Ja, und dann mussten wir beide zusehen, dass wir allein klarkommen. Die viele Arbeit, sie wissen schon ... Da ist Jan einfach zu kurz gekommen.“ Er klopfte seinem Sohn anerkennend auf die Schulter. „Er hat sich so tapfer geschlagen. Wollte mir überall zur Hand gehen, und dabei ist ihm letztens eine Deichsel auf den Arm geschlagen. Nicht mal geweint hat er. Aber danach hat er sich zurückgezogen. Ich hab ihn gelassen. War ja alles nicht leicht für ihn.“

Der blaue Fleck! Anna suchte Luisas Blick.

Jan, dem es offensichtlich unangenehm war, dass über ihn gesprochen wurde, trat von einem Fuß auf den anderen.

Ihr Nachbar streckte seinen Rücken. „Auf jeden Fall ist meine Frau wieder zu Hause“, erklärte er mit fröhlicherer

Stimme. „Sie muss sich allerdings noch schonen. Dass Jan das mit dem Feuer mitgekriegt hat, das hab ich nicht gewusst."

Anna spürte Luisas spitzen Finger zwischen den Rippen. Jetzt war sie an der Reihe. Verlegen räusperte sie sich. „Also, das von vorhin, das tut mir echt leid." Sie rang sich ein Lächeln ab. „Ich war total verballert!" Anna knetete die Hände. „Also, ich will sagen, ich war ziemlich durch den Wind, weil ... Also ich war wütend, weil ich nicht mit ins Ferienlager kann, weil der Schuppen ja neu aufgebaut werden muss, und ..."

„Moment mal“, fiel Rolf ihr ins Wort. „Wer hat denn gesagt, dass du da nicht hinfahren darfst?“
Anna war verwirrt. „Aber ich dachte …“
„Na, darüber reden wir später“, sagte Rolf, während er Jan über den Kopf streichelte. „Also, dann nichts für ungut.“ Er zeigte mit dem Daumen über die Schulter. „Oder haben Sie vielleicht noch Lust auf einen Schnaps? Ich hätte da einen leckeren Lagerkorn …“
Herr Langemeyer winkte ab. „Danke, ein andermal vielleicht. Ich will meine Frau nicht warten lassen.“
„’tschuldigung“, flüsterte Anna verlegen.
Der Bauer tippte sich mit Zeige- und Mittelfinger an die Schläfe. „Schon in Ordnung. Hat sich ja alles geklärt. Schönes Pony hast du übrigens.“
„Jan?“, fragte Luisa. „Hast du morgen vielleicht Lust, mit uns auszureiten?“
Jan zuckte die Schultern. „Mal gucken.“
„Dann tschüss“, murmelte Anna.
„Apropos schönes Pony“, sagte Luisa lächelnd, während sie Herrn Langemeyer und seinem Sohn hinterherblickte. „Fee ist noch im Auslauf, soll die nicht auf die Weide zurück?“

Fee!, schoss es Anna durch den Kopf. Der hatte sie vorhin nur Sattel und Zaumzeug abgenommen und war dann ins Eulennest geflüchtet. „Natürlich, ich …“

„Nichts da!“, fuhr Rolf dazwischen. „Wir beide unterhalten uns jetzt mal in aller Ruhe in meinem Büro. Bei der Gelegenheit klären wir dann auch das mit dem Ferienlager. Wie kommst du bloß auf die Idee, dass du daran nicht teilnehmen darfst?“

Anna seufzte. Sie wusste, dass das jetzt ein anstrengendes Gespräch werden würde, aber das hatte sie nicht anders verdient.

Luisa zwinkerte ihr zu. „Alles wird gut!“, flüsterte sie. „Um Fee kümmere ich mich.“

Anna sah Luisa einen Moment hinterher. Es war ein schönes Gefühl zu wissen, dass ihr Pony bei ihr in guten Händen war.

Die erste Reitstunde

Welcher kleine Pferdefreund träumt nicht davon, auf dem Rücken eines schönen Pferdes zu sitzen und mit donnernden Hufen über Felder und Wiesen zu galoppieren? Doch jeder echte Pferdefreund weiß auch, dass es bis dahin ein weiter Weg ist, denn für einen solchen Ausflug sollte man sicher im Sattel sitzen und gut reiten können.

Am Anfang einer jeden Reitausbildung steht natürlich die erste Reitstunde, vor der jeder Reitschüler sicher ziemlich aufgeregt ist. Was kommt da auf ihn zu? Was wird von ihm verlangt und was muss er mitbringen?
Keine Sorge! Solltest du dich entscheiden, Reitstunden zu nehmen, brauchst du dir nicht gleich eine komplette Ausrüstung anzuschaffen.
Es ist völlig überflüssig, dass du dir sofort Reitstiefel, eine Reithose oder

Reithandschuhe zulegst. Denn wer weiß, ob dir das Reiten wirklich so gut gefällt, wie du hoffst? Fürs Erste reichen eine bequeme Hose - zum Beispiel Leggings oder eine Gymnastikhose - und gut sitzende Gummistiefel. Was du unbedingt brauchst, ist eine Reitkappe. Diese wirst du dir in den meisten Reitschulen zunächst ausleihen können.

Und nun rauf auf's Pferd? Weit gefehlt. Zunächst wird man dir zeigen, wie du das Pferd putzt (falls du das nicht schon längst weißt), aufzäumst und sattelst. Eine gute Gelegenheit, dein Schulpferd kennenzulernen! Dann führst du es in die Reithalle, wo dir dein Reitlehrer erklärt, wie du richtig auf den Pferderücken steigst.

Im Allgemeinen wird es in der ersten Reitstunde darum gehen, dass du dein Gleichgewicht findest und locker und losgelassen auf dem Pferderücken sitzt. Dazu wird dein Reitlehrer das Pferd longieren und deine Haltung immer wieder korrigieren. Sitzt du gerade? Hast du die Fersen nach unten gedrückt? Hältst du die Schultern entspannt nach hinten gerichtet und den Kopf aufrecht? Bis du den richtigen losgelassenen Dressursitz verinnerlicht hast, wird es allerdings eine gute Zeit dauern.

Dann wird dich dein Reitlehrer zu verschiedenen Gymnastik- und Gleichgewichtsübungen auf dem Pferderücken anhalten. Für einen Anfänger ist das gar nicht so einfach! Am Ende darfst du vielleicht - so wie Jan in unserer Geschichte - noch ein wenig frei durch die Halle reiten.

Spätestens wenn du absitzt und auf wackeligen Beinen stehst, wirst du merken, dass für die erste Stunde 20 Minuten genug sind! Denn eins ist vorprogrammiert: der Muskelkater, mit dem du am nächsten Morgen aufwachen wirst.

Trotzdem gibt es für viele nichts Schöneres, als zu reiten. Nicht zu Unrecht heißt es schließlich im Volksmund: „Das Glück der Erde liegt auf dem Rücken der Pferde."

Ponyhof Mühlental

Für alle Fälle Anna

Holprige Landung

Der Lärm war ohrenbetäubend, als der Bus auf den Bahnhofsvorplatz fuhr. Die Kids aus der Klasse von Anna und Luisa plapperten laut durcheinander. Einige begannen bereits, Rucksäcke und Taschen aus den Gepäcknetzen zu holen.

Anna und Luisa sahen sich an und seufzten. Die Klassenfahrt war zu Ende. Viel zu schnell waren die drei Tage an der Mosel vergangen! Es gab eine Menge zu erzählen.
Ricky hielt sich die Hände wie einen Trichter an den Mund.
„Nächster Halt: Busbahnhof!“
„Schau mal, da drüben stehen Isabel und Robert!“, rief Luisa.
Anna kicherte, als sie ihre Mutter sah. Sie wedelte mit beiden Armen in der Luft herum und sprang immer wieder in die Höhe. Neben ihr stand Annas älterer Bruder, lässig an

den Wagen gelehnt. „Aha“, machte Anna. „Robert scheint auch Sehnsucht nach uns gehabt zu haben. Das ist ja mal was ganz Neues.“

Als der Bus die Parkposition eingenommen hatte, griff Frau Schäfer, die Klassenlehrerin, nach dem Mikrofon. „Liebe Kinder, unsere schöne Klassenfahrt geht nun leider zu Ende und ich darf euch ins Wochenende entlassen. Ich möchte mich ganz herzlich bedanken, dass ihr euch so toll benommen habt, na ja, mit wenigen Ausnahmen.“ Dabei sah sie Ricky augenzwinkernd an, der sogleich rot anlief. „Ich hoffe, es hat euch Spaß gemacht und ihr habt auch ein bis-

schen was gelernt. Ich nehme auf jeden Fall ein paar schöne Erinnerungen mit. Wir sehen uns am Montag wieder. Tschüss!“

Endlich gingen die Bustüren auf, und die Schülerinnen und Schüler stürmten hinaus, um ihr Gepäck in Empfang zu nehmen.

„Hi, ihr zwei!“ Robert kam auf Anna und Luisa zu und griff direkt nach den Reisetaschen, um sie auf der Ladefläche des Kombis zu verstauen.

Isabel begrüßte die Mädchen mit einer Umarmung. „Hallo, ihr beiden. Schön, dass ihr heil wieder da seid! Auf dem Hof war es so seltsam ruhig ohne euch.“

Anna lachte. „Ich verspreche dir, das wird sich schlagartig ändern.“

„Ihr habt bestimmt einen Riesenhunger, oder?“, mutmaßte Isabel. „Ich habe einen Apfelkuchen gebacken. Robert hat beim Äpfelschälen geholfen.“

Anna zog die Stirn kraus. „Apfelkuchen klingt prima, aber wenn ich ehrlich bin, dann würde ich vorher lieber was Herzhaftes essen.“

„Au ja!“, rief Robert. „Lass uns bei der Frittenschmiede vorbeifahren.“

Isabel grinste. „Wenn es denn sein muss." Sie zog ihr Portemonnaie aus der Tasche und warf einen Blick hinein. „Also gut, das sollte reichen. Aber sagt Rolf nichts davon, er ist nachher sauer, weil wir ihn nicht mitgenommen haben."

Luisa verschränkte die Arme vor der Brust. „Wollte Rolf nicht sowieso abnehmen?"

„Genau!" Anna nickte. „Also, auf zur Frittenschmiede!"

Isabel hielt einen Moment inne. „Wie spät ist es eigentlich? Ich habe meine Uhr vergessen."

„Gleich halb vier, wieso?", fragte Robert.

„Ich muss zur Lektion zurück auf dem Hof sein", erwiderte Isabel. „Aber bis dahin bleibt uns noch eine Stunde."

Es war immer dasselbe. Wenn Anna aus der Imbissstube kam, hatte sie das Gefühl, für Jahre genug Pommes gegessen zu haben. Wie ein riesiger Kloß fühlten die sich in ihrem Bauch an. „Pah, bist du auch so satt?", fragte sie Luisa, als sie auf dem Ponyhof aus dem Auto stiegen.

Luisa blies die Backen auf. „Kannst du wohl sagen. Der Apfelkuchen muss warten." Sie blickte sich suchend um. Von ihrer Mutter Adelheid, die in dem alten Speicherhaus auf dem Ponyhof eine Tierarztpraxis betrieb, war keine

Spur zu sehen. Wahrscheinlich war sie noch in der Sprechstunde für Kleintiere beschäftigt.
In diesem Moment kam Jesko mit flatternden Ohren angesaust, um sie stürmisch zu begrüßen. „Na, wenigstens einer, der mich vermisst hat." Luisa strubbelte dem Hund, der seit einiger Zeit bei ihr lebte, durchs Fell.
„Also, ich will als Erstes in den Stall und Fee und Zorro und die anderen Ponys sehen", entschied Anna, nachdem auch sie Jesko ausgiebig hinter den Ohren gekrault hatte. „Bist du dabei?", fragte sie ihre Freundin.
Luisa nickte. „Klar wie Königsberger Klopse. Ich bring nur eben meine Tasche rein und sag Mama Hallo. Komme gleich nach." Doch als Luisa das Speicherhaus betrat, fand sie dieses leer vor. „Mama?", rief sie. „Mama, ich bin wieder da!"
Niemand antwortete.
Luisa zuckte die Schultern, pfefferte ihre Reisetasche vor die unterste Treppenstufe und flitzte von Jesko gefolgt hinaus zum Stall.
„Na, das ging aber schnell", sagte Anna, die schon zu ihrer Ponystute in die Box geschlüpft war und Fee die Arme um den Hals geschlungen hatte.

Luisa zuckte die Schultern. „Mama ist nicht zu Hause. Keine Ahnung, wo sie steckt. Vielleicht musste sie in der Klinik aushelfen."

„Ist doch egal!", rief Anna und vergrub die Nase in Fees Mähne. „Hauptsache, unsere geliebten Ponys sind da."

Luisa sah an sich hinunter. „Mist, jetzt habe ich vergessen, meine Stallklamotten anzuziehen. Das hier ist meine letzte saubere Hose."

Anna hielt sich kichernd die Hand vor den Mund. „Ricky ist echt ein Volltrottel."

„Das kannst du laut sagen", knurrte Luisa. Ricky hatte gleich am ersten Abend in der Jugendherberge einen Becher Kakao vom Tisch gefegt, dessen Inhalt sich ausgerechnet über Luisas Jeans ergossen hatte. „Ich brauche unbedingt ein, zwei neue Hosen, die meisten sind mir in den letzten Monaten zu klein geworden."

In diesem Moment schnaubte Zorro laut und reckte den Kopf über die Tür seiner Box. Luisa schob den Riegel zur Seite. „Sorry, mein Lieber, wie konnte ich dich nur warten lassen! Wir haben uns so lange nicht gesehen, nicht wahr? Immerhin drei ganze Tage!"

Zorro schnaubte erneut und rieb sein weiches Maul an Luisas Arm.

Diese seufzte. „Und ich habe dir nicht mal eine Karotte mitgebracht. Ein Skandal!“

„Irgendwie komisch und gleichzeitig schön, zurück zu sein“, sagte Anna mit einem Mal. Sie hatte Fees Putzutensilien geholt und begonnen, das Fell der braunen Ponystute

mit sanften Bürstenstrichen zu bearbeiten. „Findest du nicht auch?“

Luisa dachte einen Moment nach. „Ja. Es war echt lustig an der Mosel. Man kann sich wirklich daran gewöhnen, mit der ganzen Horde unterwegs zu sein. Aber ehrlich gesagt, mir ist die Ruhe im Stall lieber.“

Doch mit der Ruhe war es nicht weit her. Plötzlich waren Stimmen in der Stallgasse zu hören.

„He, warum putzt du denn Fee?“, fragte ein dunkelhaariges Mädchen, das vor der Box aufgetaucht war.

Verdutzt ließ Anna die Bürste sinken. Sie hatte gar nicht mehr daran gedacht, dass die Stute des Öfteren in der Anfängerlektion eingesetzt wurde, weil sie besonders leicht zu reiten war. Sie stöhnte innerlich. Heute passte ihr das gar nicht in den Kram. Deshalb antwortete sie patziger, als sie eigentlich wollte: „Weil das mein Pony ist, wenn du es genau wissen willst.“ Damit pfefferte sie die Bürste in den Eimer. „Freu dich doch, dass ich das schon mal für dich erledigt habe“, fügte sie hinzu, drückte dem Mädchen den Eimer in die Hand und lief aus der Box. Dabei wusste sie, dass für die Reitschülerinnen das Vorbereiten der Ponys genauso wichtig war wie der Reitunterricht selbst.

„Mensch, Anna, die kann doch nichts dafür", beschwichtigte Luisa ihre Freundin und trat aus Zorros Box.
Anna zuckte die Schultern. „Ja, weiß ich auch."
Im selben Moment kam Annas Vater Rolf die Stallgasse entlang. „Hey, ihr beiden. Hier steckt ihr also. Isabel muss jetzt in die Anfängerlektion, aber ich könnte ein Stück Apfelkuchen vertragen. Und was ist mit euch?"
Anna strich sich über den Bauch und stellte verwundert fest, dass sie tatsächlich schon wieder Appetit hatte. Vielleicht lag das daran, dass sie im Moment genauso schnell wuchs wie Luisa, der ihre Hosen nicht mehr passten. „Wachstum braucht Energiezufuhr", stellte Anna fest.
Luisa zog die Augenbrauen hoch. „Was?"
Aber Anna winkte lachend ab. „Nichts. Ich wollte nur sagen, dass ich Lust auf ein Stück Kuchen habe."
Luisa nickte. „Ja, ich auch. Ich schau nur mal schnell nach, ob Mama inzwischen zurück ist."
Rolf runzelte die Stirn. „Adelheid? Die kommt erst später. Hat Isabel dir das nicht gesagt? Deine Mutter hat eine Verabredung."
Luisa kniff die Augen zusammen. „Eine Verabredung? Mit wem denn?"

Rolf zuckte die Schultern. „Keine Ahnung."
Grübelnd folgte Luisa ihrer besten Freundin und Rolf zum Haupthaus. Das war ja eine tolle Begrüßung!
„Jetzt erzählt doch mal", forderte Rolf die Mädchen auf. „Wie war es an der Mosel?" Dann sah er seine Tochter flehend an. „Anna, verteilst du den Kuchen? Du machst das besser als ich."

Anna verzog die Mundwinkel. Das war typisch Rolf. Natürlich konnte er das genauso gut wie sie. Sie verschränkte die Arme vor der Brust. „Ach, Papa, du kriegst das schon hin!"

Rolf lehnte sich zurück. „Na, hör mal! Luisa, was sagst du denn dazu, wie Anna mit ihrem alten, gebrechlichen Vater redet?"

Anna stieß Rolf mit dem ausgestreckten Zeigefinger gegen die Schulter. „Alt und gebrechlich! Pft!"

Doch Luisa war mit ihren Gedanken ganz woanders. Sie fragte sich, welche Verabredung für Adelheid so wichtig war, dass sie bei der Rückkehr ihrer einzigen Tochter nicht da gewesen war. Nicht, dass Luisa nicht gut allein klarkam, Adelheid war als Tierärztin schließlich oft unterwegs oder in der Tierklinik. Und im Zweifelsfall konnte sie sich ja immer an Isabel und Rolf wenden. Aber diese Verabredung kam Luisa nun doch komisch vor. Gern hätte sie jetzt auch mit ihrer Mutter herumgealbert, wie Anna mit ihrem Vater!

Rolf erbarmte sich schließlich und schaufelte mit gespielt zitternden Händen Apfelkuchenstücke auf die Teller. Dann reichte er eine kleine Schüssel mit Schlagsahne herum. „So, und nun raus mit der Sprache, wie war es?"

„Also, wir waren auf einer total coolen Burg“, begann Anna. „Die steht ganz in der Nähe von der Jugendherberge in Cochem und da haben wir eine Führung mitgemacht. Aber erst mal da hochzulaufen, das war ganz schön anstrengend. Dafür hatten wir dort dann eine supercoole Aussicht.“
„Na, das war ja wohl echt cool“, kommentierte Rolf grinsend. „Und der Apfelkuchen hier, den Isabel und Robert heute Morgen gebacken haben, der schmeckt auch echt cool.“
„Mensch, Papa!“, rief Anna lachend und hob drohend die Kuchengabel, als wollte sie ihren Vater damit aufspießen.
„Überhaupt nicht cool war, dass Ricky mir am ersten Abend beim Essen einen Becher Kakao über die Hose geschüttet hat“, erzählte Luisa.
Rolf zog die Augenbrauen hoch. „Mit Absicht?“
Aber Luisa winkte ab. „Nein, nein, der ist halt so ein Zappelphilipp. Das war trotzdem ganz schön blöd.“
Anna klatschte in die Hände. „Ricky hat sowieso so ein paar Schoten gebracht, sag ich dir.“
Dann erzählten die Mädchen abwechselnd von ihren Ausflügen. Sie waren in der Stadt Trier gewesen, wo sie die

Basilika und das ehemalige römische Stadttor, die Porta Nigra, besucht hatten. Eine Schiffstour auf der Mosel und eine Führung durch einen Weinberg hatten ebenfalls auf dem Programm gestanden. Sogar von dem Budenzauber, den sie bis spät in die Nacht auf ihren Zimmern veranstaltet hatten, berichteten sie und vergaßen darüber vollkommen die Zeit.

Plötzlich stand Isabel in der Küchentür. „Na, ich hoffe, ihr habt mir noch ein Stück Kuchen übrig gelassen. Ich habe einen Bärenhunger." Erschöpft ließ sie sich auf einen Stuhl fallen.

Sofort sprang Anna auf und holte noch einen Teller aus dem Küchenschrank.

Rolf zeigte mit der Gabel auf seine Frau. „Wo steckt Adelheid noch mal? Du hast vergessen, Luisa auszurichten, dass sie erst später heimkommt."

Mit einem verlegenen Lächeln sah Isabel Luisa an. „Oh Mist! Sorry. Also, Adelheid ist verabredet. Sie kommt erst gegen halb zehn zurück, hat sie gesagt. Du kannst natürlich bei uns zu Abend essen."

„Verabredet?", hakte Luisa stirnrunzelnd nach. „Mit wem denn?"

Isabel überlegte kurz. „Hm, ich glaube, mit einem Norbert. Kennst du den?“

Luisa schüttelte den Kopf und spürte, wie ihr das Blut in den Kopf stieg. Norbert? Wer, zum Teufel, war das?

Trübes Wetter, trübe Stimmung

Robert hockte mit Anna und Luisa vor dem Computer und half ihnen dabei, die Fotos, die Anna mit ihrer Digitalkamera gemacht hatte, abzuspeichern. Als die Fotos, eines nach dem anderen, auf dem Bildschirm erschienen, mussten die Freundinnen immer wieder kichern.

Robert verdrehte die Augen. „Pah, bin ich froh, dass ich nicht mit so einem albernen Hühnerhaufen unterwegs sein musste."

Luisa winkte ab. „Ob du es glaubst oder nicht, aber die Jungs waren noch viel kindischer als wir."

„Weggucken!", rief Anna mit einem Mal und hielt die Hände vor den Monitor, als ein Foto erschien, auf dem einige ihrer Klassenkameradinnen wie Models in ihren Nachthemden posierten.

„So ein Kinderkram interessiert mich nicht", brummte Robert und schob Annas Arme beiseite. „Wollt ihr die Fotos noch bearbeiten?"

„Was meinst du mit bearbeiten?“, fragte Anna, die nicht viel Ahnung von Computern hatte.
Robert setzte seine Muss-ich-dir-denn-alles-erklären-Miene auf. „Man kann die Fotos mit verschiedenen Programmen *ganz einfach* verändern, Kontrast, Farbstärke, Bildausschnitt und so. Retuschieren geht auch.“
Aber Anna schüttelte den Kopf. „Lass mal, dein ganz einfach kenn ich.“
Robert nahm die Speicherkarte aus dem Computer und steckte sie zurück in die Kamera. „Du kannst es dir ja noch überlegen.“
„Brennst du mir die Fotos auf CD?“, bat Luisa Annas großen Bruder. „Ich würde sie gern Mama zeigen.“ Luisa schaute durch das Fenster zum Speicherhaus hinüber. Wenn sie denn irgendwann nach Hause kommt, fügte sie in Gedanken hinzu. Halb zehn hatte sie gesagt. Bis dahin war es noch über eine Stunde.
„Du kannst auch hier pennen, wenn du willst“, sagte Anna, als könnte sie Luisas Gedanken lesen.
„Nee, lass mal“, erwiderte ihre Freundin. „Ich geh gleich rüber. Ich bin ziemlich müde.“
„Aber da ist niemand …“

„Doch, Jesko“, fiel Luisa ihr ins Wort. Sie hatte keine Angst, allein zu sein. Annas Familie wohnte schließlich direkt nebenan und Jesko schlummerte immer friedlich auf dem Flickenteppich vor ihrem Bett. Außerdem beruhigte es sie, dem Knirschen und Knacken des alten Fachwerkhauses zu lauschen.

Sobald sich Luisa ins Bett gelegt hatte, löschte sie das Licht. Sie war so kaputt, dass sie nicht mal mehr lesen wollte. Aber an Einschlafen war auch nicht zu denken. Immer wieder fragte sie sich, wo Adelheid wohl steckte.
Dann endlich glitt ein Lichtschein über die Wände ihres Zimmers und das ihr wohlvertraute Knirschen von den Reifen auf dem Kies war zu hören.

Luisa warf einen Blick auf die Leuchtzeiger ihres Radioweckers. Es war tatsächlich erst kurz nach halb zehn.
Bald darauf hörte sie, wie ein Schlüssel im Schloss umgedreht wurde und die Tür leise aufging.
Jesko sprang sofort auf, um hinunterzulaufen und Adelheid zu begrüßen.
Luisa spürte, wie ihr Herz einen Takt schneller schlug. Einerseits freute sie sich darauf, ihre Mutter wiederzusehen. Andererseits war sie sauer auf Adelheid, weil sie den ganzen Abend weg gewesen war.
Sie hörte Schritte auf der Treppe, dann wurde ihre Zimmertür leise aufgeschoben. Jeskos Schwanz schlug immer wieder gegen den Türrahmen.

Schnell stellte sich Luisa schlafend. Adelheid verharrte einen Augenblick auf der Schwelle, dann schloss sie die Tür vorsichtig wieder.
Luisa spürte Tränen in sich aufsteigen.

Als sie am nächsten Morgen die Augen aufschlug, hörte sie bereits Stimmen aus der Tierarztpraxis. Adelheid hatte offenbar Bereitschaft.
Es war Samstag, und Luisa hätte eigentlich lange schlafen können, aber sie war nun einmal in ihrem Schulschlafrhythmus. Wach ist wach, sagte sie sich und schlüpfte aus dem Bett.
Adelheid hatte den Frühstückstisch gedeckt. In der Mitte thronte die bauchige Teekanne auf einem Stövchen und der Duft von frischen Brötchen lag in der Luft. Luisa fragte sich, wo ihre Mutter die herhatte. War sie etwa schon ganz früh zum Bäcker gefahren?
Dann entdeckte sie eine kleine blassrosa Rose. Sie lag auf Luisas Frühstücksbrettchen neben einem Zettel. Liebe Luisa! Willkommen daheim!, stand darauf.
Luisa freute sich darüber. Die Wut von gestern Abend war schon fast verflogen.

Willkommen
daheim!
Mama

Sie ging zum Behandlungszimmer hinüber und steckte die Nase durch den Türspalt. Adelheid untersuchte gerade ein Meerschweinchen. Ein etwas verlegen wirkender Mann stand daneben.

Als Adelheid Luisa bemerkte, sah sie auf. „Hey, Süße! Du bist ja schon wach! Ich bin hier gleich fertig, dann frühstücken wir zusammen."

Luisa stürmte zurück auf ihr Zimmer, um sich umzuziehen. Als sie kurz darauf in die Küche kam, schenkte Adelheid gerade Tee ein. Dann stellte sie die Kanne ab und schloss Luisa in die Arme. „Schön, dass du wieder da bist. Ich habe gestern Abend noch in dein Zimmer geschaut, aber du hast bereits geschlafen." Sie hielt Luisa eine Armlänge von sich weg und sah ihr in die Augen. „Es ist doch nicht schlimm, dass ich nicht da war, um dich in Empfang zu nehmen, oder?"

Luisa schluckte. Sie wusste nicht, was sie antworten sollte. „Wo hast du denn die frischen Brötchen her?", fragte sie stattdessen.

Adelheid grinste und reichte Luisa das Brotkörbchen. „Die habe ich gestern gekauft. Die waren halb fertig gebacken. Ich musste sie nur noch mal kurz in den Ofen schieben."

Luisa nahm sich ein Mehrkornbrötchen und sprang noch einmal auf, um für das Blümchen ein kleines Glas mit Wasser zu holen.
Adelheid lehnte sich zurück und verschränkte die Arme hinter dem Kopf. „Ist das gemütlich! Hoffen wir, dass wir nicht so schnell von dem nächsten Notfallpatienten gestört werden."
Luisa biss in das Brötchen, das sie sich mit Frischkäse und Marmelade bestrichen hatte. „Apropos, was hatte es denn?"
„Das Meerschweinchen?", fragte Adelheid und lachte. „Oh, das hat nur einen Infekt. Ich habe ihm eine Spritze gegeben. Die Besitzerin hat ihren Mann allein mit dem Tier hergeschickt, weil sie Sorge hatte, es müsste eingeschläfert werden. Das hätte sie den Kindern nicht zumuten wollen."
Adelheid schnitt sich eine Tomate auf ihr Käsebrot. „So, aber jetzt erzähl mal. Wie war es an der Mosel?"
Luisa strich vorsichtig mit der Fingerspitze an einem der rosa Blütenblätter entlang, während sie ihre Gedanken zurückschweifen ließ und ihrer Mutter von der Klassenfahrt berichtete. Adelheid hörte aufmerksam zu und stellte hin und wieder eine Frage.

„Wir haben mit Annas Digitalkamera jede Menge Fotos gemacht“, erklärte Luisa schließlich. „Robert hat sie mir gestern Abend auf CD gebrannt. Wenn du willst, dann können wir sie uns nachher auf deinem Rechner anschauen.“
Adelheid kratzte sich an der Schläfe. „Tja, das wäre natürlich schön. Ich, äh ... Also, bis 14 Uhr habe ich Bereitschaft, und um drei habe ich jemanden zum Kaffeetrinken eingeladen ...“
In diesem Moment schellte es an der Praxistür. Der nächste Patient. Sofort sprang Adelheid auf und verschwand im Flur. Luisa schaute ihrer Mutter mit gerunzelter Stirn hinterher. Wen hatte Adelheid bloß zum Kaffeetrinken eingeladen? Und mit einem Mal hatte Luisa so ein komisches Gefühl in der Magengegend.

„Da kommt bestimmt gleich dieser Fuzzi, mit dem sie sich gestern verabredet hat“, maulte Luisa, als sie sich kurz darauf mit Anna im Stall traf. Sie wollten die Ponys satteln und zu einer kleinen Runde aufbrechen. „Norbert, oder wie der heißt.“
Anna verstand nicht, was so schlimm daran sein sollte. „Und? Ist der denn doof?“

Luisa zuckte die Schultern. „Keine Ahnung. Ich kenne den ja gar nicht."
Anna wuchtete Fee den Sattel auf den Rücken und schob ihn in die richtige Position. „Dann wart es doch erst mal ab. Vielleicht ist der ganz cool."
Luisa wollte Zorro gerade das Zaumzeug über den Kopf ziehen, da hielt sie in der Bewegung inne. Das war nicht die Antwort, die sie sich von Anna erhofft hatte. „Du verstehst nicht, was ich meine. Gestern hat sie sich mit dem verabredet. Heute lädt sie ihn zum Kaffeetrinken ein. Und morgen? Ich hab einfach keinen Bock darauf, dass jetzt ständig jemand bei uns herumhängt."
„Nun mal langsam, Luisa", sagte Anna, „vielleicht ist dieser Norbert nur ein alter Schulkollege auf der Durchreise oder so. Dann hat sich das Problem im Nu von allein gelöst."
„Jaja", knurrte Luisa.

Es war den ganzen Tag noch nicht so richtig hell geworden. Der Himmel hing wie ein grauer Vorhang über ihnen. Die Bäume warfen ihr buntes Laub ab, als gäbe es einen Preis dafür zu gewinnen. Der Herbst hatte längst Einzug gehalten.

Man musste jetzt vorsichtig sein. Das Laub war rutschig und konnte Steine, Wurzeln oder Pfützen unter sich verbergen, die zu gefährlichen Stolperfallen werden konnten.
Schweigend ritt Anna neben Luisa her. Sie musste daran denken, dass ihre Freundin ohne Vater aufgewachsen war. Sie hatte ihn nie kennengelernt. Anna fiel es schwer, dieses Thema anzusprechen, weil sie Sorge hatte, etwas Falsches zu sagen.
Sie wusste nicht, wie diese Situation für Luisa war. Sie konnte aber gut verstehen, dass es komisch für ihre Freundin sein musste, wenn sich ihre Mutter mit einem Mann traf. Aber vielleicht war Norbert wirklich nur ein Bekannter und dieses Treffen hatte nichts zu bedeuten.
Anna schaute in den Himmel. „Bei unserer Klassenfahrt hatten wir echt Glück. Mit dem Wetter, meine ich."
Sie waren bei strahlendem Sonnenschein über die Mosel geschippert.
„Hm", machte Luisa abwesend. Ihre Gedanken kreisten um das bevorstehende Kaffeetrinken. Sie hatte überhaupt keine Lust, diesen Norbert kennenzulernen. Am liebsten würde sie den ganzen Tag auf Zorro durch das Mühlental reiten. Sollte Adelheid doch machen, was sie wollte!

Plötzlich setzte ein feiner Nieselregen ein. Anna zog die Reitkappe tiefer ins Gesicht und schlug den Kragen ihres Anoraks hoch. Die Kälte kroch ihr den Rücken hinauf.
Auch Luisa hatte die Schultern hochgezogen. Nur den Ponys machte das Wetter nichts aus.
„Lass uns lieber umdrehen, okay?“, schlug Anna vor und parierte Fee durch.

„Wegen dem bisschen Regen?“, fauchte Luisa und drehte sich im Sattel um. „Du bist doch sonst nicht so ein Weichei. Komm, lass uns die übliche Runde drehen.“

Aber Anna blieb hartnäckig. Ihr war schon klar, dass Luisa nicht rechtzeitig zum Kaffeetrinken zurück sein wollte. „Also ehrlich. Ich hab wirklich keine Lust, mich zu erkälten. Wenn ich gewusst hätte, dass das Wetter so schlecht wird, hätte ich mir eine Regenhose angezogen.“

Widerwillig wendete Luisa ihr Pony. Sie hatte keine andere Wahl. Isabel hatte ihnen verboten, allein auszureiten.
Ihre Stimmung sank auf den Nullpunkt, als sie Adelheid bei ihrer Rückkehr mit einem Mann auf dem Hof stehen sah. Ihre Mutter winkte ihnen von Weitem zu.
„Heiliger Spekulatius, steh mir bei!“, zischte Luisa. „Da ist der Knilch ja schon. Es kann doch nie im Leben drei Uhr sein.“

Anna biss sich auf die Unterlippe. Sie fand, dass der Mann ziemlich nett aussah.
„Hallo, ihr zwei!“, rief Adelheid, als die Hufe der Ponys schließlich über das Pflaster klackerten. „War der Ausritt schön?“
Anna verdrehte die Augen. „Na ja, bei dem Wetter …“
„Norbert, das ist Anna, Luisas beste Freundin“, sagte Adelheid. „Anna, das ist Norbert.“
Anna hob die Hand zum Gruß. „Hi!“
„Hallo, Anna“, erwiderte Norbert. Er hatte große braune Augen mit vielen Lachfältchen.
„Und das ist Luisa“, fuhr Adelheid fort.
„Schön, dich kennenzulernen, Luisa!“ Norbert schaute sie freundlich an.
Schnell wich Luisa seinem Blick aus. „Hi“, brummte sie. „Wir müssen uns dann erst um die Ponys kümmern.“
„Hast du auch Lust auf ein Stück Kuchen, Anna?“ Adelheid war Luisas ablehnende Reaktion nicht entgangen. „Du bist herzlich eingeladen. Es gibt Apfelkuchen.“
Schon wieder Apfelkuchen, dachte Anna. Aber sie sagte gerne Ja. Sie wollte ihrer Freundin zur Seite stehen. Und außerdem war sie selbst neugierig auf Norbert.

Sofort fiel Anna auf, dass sich Adelheid beim Decken der Kaffeetafel viel Mühe gegeben hatte. Eine schöne Tischdecke, Blumen und Kerzen zierten den großen Eichentisch. Ganz offenbar war ihr dieses Treffen sehr wichtig. Was wiederum nur bedeuten konnte, dass Norbert sehr wichtig für sie war.

Zorros Einsatz

„Von wegen alter Klassenkamerad auf der Durchreise“, maulte Luisa, als sie mit Anna einige Tage später auf dem Weg nach Hause im Schulbus saß. „Norbert kommt zum Abendessen zu uns. Er ist ein neuer Kollege in der Tierklinik. Kann mir denken, was das bedeutet.“

Anna antwortete nicht. Sie wusste langsam nicht mehr, wie sie auf Luisas schlechte Laune reagieren sollte.

„Eigentlich wollte ich meiner Mutter heute endlich die Fotos von der Klassenfahrt zeigen“, fügte Luisa hinzu. „Die hat sie sich nämlich immer noch nicht angeschaut, echt unglaublich.“

Anna seufzte und sah den Regentropfen zu, die an der dreckigen Fensterscheibe herunterliefen. „Also, wenn es dich tröstet, mein Vater hatte auch noch keine Zeit, sich die Fotos anzugucken. Und außerdem frage ich mich, warum das eine das andere ausschließt.“

Luisa richtete sich auf. „Wie meinst du das?“

Anna zuckte die Schultern. „Du könntest die Bilder doch Adelheid und Norbert zeigen. Wo ist das Problem?"

„Na, hör mal!", rief Luisa empört. „Was gehen den meine Fotos an?"

Anna war froh, dass der Bus in diesem Moment ihre Haltestelle anfuhr. Rasch sprang sie auf den Bürgersteig und spannte ihren Regenschirm auf.

Der aufgeweichte Boden schmatzte unter ihren Schuhen, als sie neben Luisa die Einfahrt zum Ponyhof hinablief.

Einige der Pferde standen regungslos auf der Weide. Isabels Wallach Digger hob zwar kurz den Kopf, als er sie bemerkte, er machte sich jedoch nicht die Mühe, zum Zaun zu kommen, um sie zu begrüßen.

Anna hob schnuppernd die Nase in die Luft, als sie die Haustür öffnete. „Hm, das riecht nach meinem Lieblingsessen!" Luisa würde über Mittag bei ihnen bleiben.

Und richtig. Als sie in die Küche kamen, stellte Isabel gerade einen Topf mit Spinat neben einen beachtlichen Stapel Pfannkuchen. „Haut rein, Mädels!", rief sie fröhlich. „Es ist reichlich von allem da."

Doch Luisa stocherte nur missgelaunt auf ihrem Teller herum.

„Was ist los mit dir?“ Isabel legte ihr die Hand auf den Arm. „Du magst doch Pfannkuchen und Spinat sonst so gern. Geht es dir nicht gut?“

Luisa entzog sich Annas Mutter und legte die Gabel hin. „Hab keinen Hunger.“

Isabel sah Anna fragend an. Die verdrehte die Augen. Eigentlich wollte sie Luisa nicht in den Rücken fallen, aber sie war deren schlechte Laune wirklich leid. „Luisa ist sauer, weil Adelheid sich neuerdings öfter mit Norbert trifft“, erklärte sie und vermied es, Luisa dabei anzusehen. Doch sie spürte den bösen Blick ihrer Freundin auf sich.

Isabel lehnte sich zurück. „Aha. Da lang hoppelt also der Hase. Du hast Sorge, deine Mutter könnte demnächst nicht mehr so viel Zeit für dich haben?“

Luisa zuckte die Schultern. „Ja … Nein, nicht nur … Also, ach, keine Ahnung.“

Isabel schwieg. Sie wartete darauf, dass Luisa ihre Gedanken sammelte und erzählen konnte, was sie bedrückte.

„Ich weiß, worauf das hinausläuft“, sagte Luisa schließlich. „Man kennt das doch. Hab ich schon oft gelesen oder im Fernsehen gesehen.“

„Was meinst du?“, hakte Isabel nach.

Jetzt sah Luisa auf. „Na, diese zusammengewürfelten Familien, Patchworkfamilien oder wie man das nennt."

Isabel lächelte milde. „Patchworkfamilien? Ich glaube, so weit denkt Adelheid nicht. Es geht darum, dass deine Mutter einen Mann kennengelernt hat, mit dem sie sich gut versteht und mit dem sie gern zusammen ist."

„Pah!", machte Luisa. „Und der neuerdings ständig bei uns herumhängt, als würde er schon zur Familie gehören. Und bei mir will er sich einschleimen."

„Luisa", sagte Isabel mit Nachdruck, „sei nicht ungerecht. Was erwartest du denn von Norbert? Er möchte halt gut mit dir auskommen."

„Als ob ich nicht allein Hausaufgaben machen könnte", blaffte Luisa.

„Aber das ist doch nett von Norbert, wenn er dir beim Lernen helfen will. Ich meine, der kann dir bestimmt eine Menge beibringen", versuchte Isabel sie zu beschwichtigen.

Plötzlich hatte Luisa Tränen in den Augen. „Ist ja klar, dass du sie in Schutz nimmst, schließlich ist sie deine Freundin. Aber du weißt gar nicht, wie das ist!" Damit stand sie auf und stapfte wütend aus der Küche.

Isabel strich sich seufzend durch die Haare.

Anna wusste nicht, was sie tun sollte. „Ob ich ihr besser hinterhergehe?“

„Lass sie.“ Isabel schüttelte den Kopf. „Die beruhigt sich schon wieder. Die Situation überfordert sie einfach im Moment. Iss du lieber in Ruhe auf, bevor die Pfannkuchen ganz kalt sind.“

Anna seufzte erneut. Luisa war doch sonst diejenige, die immer einen klaren Kopf behielt. Was war bloß los mit ihr?

Luisa schlug die Tür des Speicherhauses zu und rannte die Treppe hinauf in ihr Zimmer, wo sie sich rücklings aufs Bett fallen ließ. Für einen Moment war ihr richtig schwindelig, weil die Gedanken und Gefühle in ihr Karussell fuhren. Sie krallte die Finger in die Bettdecke und starrte an die Decke. Sie fühlte sich schrecklich allein. Nicht mal Anna verstand sie. Und von Jesko fehlte jede Spur. Der trieb sich sicher irgendwo auf dem Hof herum.

Durch die Tränen hindurch nahm Luisa alles in ihrem Zimmer nur verschwommen wahr. Ihre geliebte gelbe Lampe aus Japanpapier sah aus wie ein zerfetzter Kloß, der von der Decke hing. Sie schluckte. Sollten sie sie doch alle in Ruhe lassen!

Plötzlich schreckte Luisa hoch. Ich muss eingenickt sein, war ihr erster Gedanke, als sie den Schlüssel im Türschloss hörte. Im Dämmerlicht erblickte sie die Leuchtziffern ihres Weckers. Adelheid war früh dran. Sie kam doch sonst nie vor halb sechs nach Hause, wenn sie in der Tierklinik Dienst schob. Vielleicht hatte sie ja jetzt Lust, die Fotos anzuschauen, wenn sie nicht allzu müde war. Schlaftrunken stieg Luisa aus dem Bett und schlich die Treppe hinunter. Dann blieb sie wie vom Donner gerührt stehen.

Norbert!

Er zog sich im Hausflur gerade die Jacke aus, als er Luisa bemerkte. „Hallo!" Er klimperte mit dem Schlüsselbund. „Adelheid kommt heute nicht pünktlich aus der Klinik weg, ein Notfall hält sie auf. Sie meinte, ich solle vorfahren. Und wenn du Lust hast, können wir zusammen das Essen vorbereiten."

Luisa war sprachlos.

Jetzt hatte Norbert schon einen Schlüssel für ihre Wohnung! „Ich muss Hausaufgaben machen und dann will ich noch rüber in den Stall", erklärte sie kurzerhand und flitzte die Stufen wieder hinauf.

„Vielleicht kann ich dir bei den Hausaufgaben helfen!“, rief Norbert ihr hinterher, aber da war sie bereits in ihrem Zimmer verschwunden und hatte die Tür zugeknallt.
Mit klopfendem Herzen blieb sie einen Moment lang an die Tür gelehnt stehen. Sie hatte einen dicken Kloß im Hals. Ich muss hier weg, dachte sie.

Luisa schlüpfte in ihre Reithose und zog den Anorak an, dessen Kapuze so groß war, dass sie sie über die Reitkappe ziehen konnte. Es regnete mal wieder.
Leise öffnete sie die Tür einen Spaltbreit. Sie hörte Norbert in der Küche. Die Gelegenheit war günstig.
Luisa huschte die Treppe hinunter und verschwand durch die Haustür. Sie wollte auf dem Weg zum Stall nicht gesehen werden – auch nicht von Anna –, also schlich sie um die Reithalle herum und schlüpfte durch das hintere Tor hinein. Erleichtert atmete sie auf und beeilte sich, Zorros Sattel und Zaumzeug zu holen. Mit hektischen Griffen zog sie den Sattelgurt fest und schob Zorro das Trensengebiss ins Maul. Nur weg von hier, war ihr einziger Gedanke.
Ihre Unruhe übertrug sich auf Zorro. Er begann, nervös mit dem Huf zu scharren. Schnell führte Luisa den Schimmel durch die rückwärtige Tür nach draußen, saß auf und drückte ihm die Fersen in die Flanken.
Das Wetter ist auf meiner Seite, dachte sie, bei dem Regen ist sicher keiner auf dem Hof unterwegs. Nicht einmal Jesko war zu sehen. Erst als sie die kleine Baumgruppe erreicht hatte, entspannte sie sich ein wenig und parierte Zorro zum Schritt durch.

Der kleine Schirm an der Reitkappe schützte sie nur wenig vor dem Niederschlag, sodass sie immer wieder Tropfen wegblinzeln musste. Ich hätte mir Handschuhe anziehen sollen, dachte sie. Ihre Finger waren nass und kalt.

Zorro machte der Regen nichts aus. Geduldig trottete er dahin. Luisa merkte, dass sich ihr Herzschlag langsam beruhigte und sie sich allmählich auf Zorros Bewegungen einlassen konnte. Doch ihre Gedanken wollten nicht zur Ruhe kommen und schon bald liefen die ersten Tränen über ihr Gesicht und mischten sich mit den Regentropfen.

Flucht in die Dunkelheit

„Was sagst du da, Rebecca?“ Isabel sah das pausbäckige Mädchen ungläubig an.
„Zorro ist nicht in seiner Box“, antwortete Rebecca, die zur Anfängerreitstunde gekommen war. „Ist er vielleicht auf der Weide? Aber dann wär der ja jetzt total nass.“
Über diese Bemerkung musste Isabel schmunzeln. „Warst du denn auch wirklich in der richtigen Box? Warte, wir gucken noch mal zusammen nach. Zorro muss da sein. Er ist heute für die Lektion eingetragen.“
Aber die Box des Schimmels war leer! Wie konnte das sein? Isabel kratzte sich am Kopf. Anna und Luisa waren doch wohl nicht zu einem Ausritt aufgebrochen und hatten vergessen nachzusehen, ob eines der Ponys gebraucht wurde? Fee ließ sich jedoch brav von einer jungen Reitschülerin für die Lektion fertig machen. Außerdem war Anna vorhin in ihr Zimmer gegangen, um Hausaufgaben zu machen. Und das Wetter lud auch nicht gerade zu einem Ritt ein.

Isabel runzelte die Stirn. „Merkwürdig“, sagte sie mehr zu sich selbst als zu Rebecca. „Hat ihn etwa jemand in die falsche Box gebracht?“ Suchend ging sie einmal die Stallgasse rauf und runter, doch von Zorro fehlte jede Spur.
Einer Eingebung folgend lief Isabel schnellen Schrittes zur Sattelkammer. Sattel und Zaumzeug des Wallachs waren ebenfalls nicht an ihrem Platz!

Isabel seufzte. Luisa wusste doch, dass sie nicht mit Zorro allein ausreiten durfte. Und das schon gar nicht, wenn er für eine Lektion eingeteilt war! Sie würde ein ernstes Wort mit ihr reden müssen.
„Komm, Rebecca, wir schauen mal, ob wir nicht ein anderes Pony für dich finden“, sagte Isabel. „Was meinst du, möchtest du vielleicht auf unserem Voltigierpferd reiten? Mücke könnte heute ausnahmsweise mal für Zorro einspringen.“

Als Isabel die Anfängerlektion beendet hatte, dämmerte es bereits. Sie traf ihre Tochter in der Küche, wo sich Anna gerade einen Tee kochte.
„Sag mal, hast du mitbekommen, dass Luisa mit Zorro zu einem Ausritt aufgebrochen ist? Ich bin ziemlich verärgert darüber. Zorro war eigentlich für die Lektion eingetragen. Ihr wisst doch ...“
„Moment, Moment“, fiel Anna ihrer Mutter ins Wort und stellte einen Porzellanbecher auf die Anrichte. „Luisa ist mit Zorro ausgeritten?“ Anna warf einen skeptischen Blick aus dem Fenster, an dem noch immer Regentropfen hinunterliefen. „Bist du sicher?“

Isabel stemmte die Fäuste in die Seiten. „Seine Box ist leer, Sattel und Zaumzeug fehlen. Wer sollte sonst mit ihm unterwegs sein?"

Anna kniff die Augen zusammen und sah zum Speicherhaus hinüber. „Bei dem Sauwetter geht doch keiner freiwillig vor die Tür." Und es ist schon fast dunkel, fügte sie in Gedanken hinzu, als ihr klar wurde, dass in Luisas Zimmer kein Licht brannte. Aber das musste nichts heißen. Ihre Freundin konnte auch in der Küche sein.

Isabel seufzte. „Vielleicht sind sie ja längst zurück. Ich schau noch mal im Stall nach.

„Ich komme mit!", rief Anna.

„Na, die kann was erleben!", brummte Isabel, als sie neben Anna vor Zorros leerer Box stand.

Anna sagte nichts. Hoffentlich ist ihr nichts passiert, dachte sie und hatte mit einem Mal ein schlechtes Gewissen. Luisa war beim Mittagessen so unglücklich gewesen und sie hatte ihrer Freundin nicht geholfen. Im Gegenteil. Luisa musste sich im Stich gelassen fühlen. „Die ist bestimmt gleich wieder da, Mama", sagte Anna und klang dabei zuversichtlicher, als sie sich eigentlich fühlte.

Isabel ging in die hinterste Box, in der neben Stroh und Heuballen auch mehrere Schubkarren, Mistgabeln und Schüppen bereitstanden. „Ich muss noch die Hinterlassenschaften der Ponys in der Reithalle einsammeln."
Anna schob ihre Mutter sanft zur Seite. „Das erledige ich. Dann krieg ich mit, wenn Luisa zurückkommt."
Isabel nickte. „Okay. Bist du denn mit deinen Hausaufgaben fertig?"
Anna winkte ab. „Schon längst."

Ruhelos lief Anna die Stallgasse rauf und runter. Von Luisa fehlte immer noch jede Spur.
Verdammt, wo bleibt sie denn? Luisa wusste doch, dass sie bei Einbruch der Dunkelheit auf dem Hof zurück sein musste. Inzwischen konnte man nicht mal mehr die Hand vor Augen sehen.
Als Anna die Arbeit erledigt hatte, waren Luisa und Zorro immer noch nicht da. So ein verfluchter Mist, dachte Anna. Sie musste mit Isabel sprechen.
In dem Moment, als sie aus dem Stall trat, bog Adelheid mit ihrem Kombi in die Einfahrt zum Speicherhaus ein. Der Niederschlag war jetzt in feinen Nieselregen übergegangen.

„Hallo!“, rief Adelheid fröhlich, als sie Anna in der Stalltür stehen sah.

Anna hob die Hand zum Gruß. Sie war ratlos. Sollte sie Adelheid sagen, was los war? Aber ihr fehlte der Mut. Betrübt kehrte sie zurück in den Stall und schlich zu Fee in die Box.

Leise schnaubend blies ihr die Stute warmen Atem ins Gesicht. Anna schlang ihr die Arme um den Hals und vergrub das Gesicht in der rauen Mähne. „Bitte, lass den beiden nichts passiert sein“, flüsterte sie und spürte einen dicken Kloß im Hals. Plötzlich spukten ihr schreckliche Bilder durch den Kopf. Zorro, wie er mit einer klaffenden

Wunde durch den dunklen Wald irrte. Luisa, wie sie verletzt auf der Straße lag. Ein verbeultes Auto. Oder hatte ihre Freundin womöglich die Orientierung verloren?

Nein, rief Anna sich zur Vernunft. Luisa kannte sich gut aus im Mühlental.

Es dauerte nicht lange, da hörte Anna, wie die Stalltür geöffnet wurde. Schritte kamen näher.

„Hey, Anna, wo ist denn Luisa?“ Adelheid stand vor Fees Box. „Und wo ist Zorro? In der Reithalle?“

Anna hob den Kopf. Sie biss sich auf die Lippe und wusste erst nicht, was sie sagen sollte. „Ich befürchte, Zorro ist da, wo Luisa ist."

Adelheid stützte sich auf die Türkante. „Was soll das heißen? Norbert hat gesagt, Luisa wollte nach den Hausaufgaben rüber zum Stall."

Anna blickte zu Boden. Sie mochte Luisas Mutter nicht ansehen. Sie spürte, wie ihr das Blut in die Wangen schoss. „Ich glaube nicht, dass sie Hausaufgaben gemacht hat. Sie hat Zorro aus dem Stall geholt, noch bevor die Anfängerlektion begann. Er war eigentlich eingeteilt. Isabel ist ganz schön sauer deswegen."

Adelheid warf einen verwirrten Blick auf ihre Armbanduhr und dann nach draußen, wo die Dunkelheit wie eine Wand vor dem Fenster stand.

Jetzt kam auch Norbert in den Stall. „Wo bleibt ihr denn? Das Essen wird kalt!", rief er fröhlich. Doch dann sah er Adelheids Gesichtsausdruck. „Was ist los?"

„Luisa ist weg. Mit Zorro!", rief Adelheid verzweifelt. „Hast du das denn nicht mitbekommen?"

„Wie, sie ist weg?", fragte Norbert, als hätte er Adelheid nicht richtig verstanden. „Sie hat mir vorhin gesagt, sie

wolle Hausaufgaben machen und anschließend zu den Ponys. Das ist zugegebenermaßen schon eine ganze Weile her. Ich dachte, sie wollte warten, bis du wieder zu Hause bist. Schließlich kennen wir uns noch nicht besonders gut."
Adelheid hob die Hände zu einer hilflosen Geste. „Hoffentlich ist ihr nichts passiert!"
Norbert legte ihr einen Arm um die Schultern.
In diesem Augenblick kam Isabel mit Rolf im Schlepptau herein.
„Anna, ist Luisa endlich ..." Sie hielt inne und blickte in die ratlosen Gesichter der anderen. „Meine Güte, wo mag das Mädchen denn stecken?", rief sie erschrocken. „Bei dem Wetter und im Dunkeln. Sie weiß doch ..."
„Das ist wohl alles meine Schuld", sagte Adelheid niedergeschlagen. „Ich hätte nicht ..."
„Papperlapapp!", fiel Rolf ihr ins Wort. „All das Jammern nützt nichts. Wir werden die beiden schon finden."
Anna war froh, dass Rolf einen klaren Kopf behielt und die Sache nun in die Hand nahm.
Kurz darauf waren alle im Wohnzimmer versammelt.
Adelheid kauerte mit versteinerter Miene auf dem Sofa und hielt einen Becher Tee mit beiden Händen umklammert.

Rolf lief vor dem Fenster auf und ab. „Wir haben es jetzt halb sieben, das heißt, dass Luisa mit Zorro seit etwa vier Stunden weg ist. Kann es sein, dass sie sich im Dunkeln verirrt hat?“ Diese Frage richtete Rolf an seine Tochter.
Aber Anna schüttelte heftig den Kopf. „Nie und nimmer.“
Für einen Moment sagte keiner etwas, aber alle dachten dasselbe. Hoffentlich war den beiden kein Unglück zugestoßen.
„Ich werde als Erstes bei der Polizei anrufen, um in Erfahrung zu bringen, ob irgendwo ein Unfall mit einem Pony gemeldet wurde“, brach Rolf schließlich das Schweigen.
„Das kann ich mir nicht vorstellen“, versuchte Isabel Adelheid zu beruhigen. „Dann hätte man uns doch längst Bescheid gegeben.“
Hauptsache, ihnen ist nicht irgendwo was zugestoßen, wo sie keiner findet, schoss es Anna durch den Kopf.
„Und jetzt denk mal haarscharf nach, Anna, wohin könnte Luisa geritten sein?“, forderte Rolf seine Tochter auf. „Wohnen hier in der Nähe irgendwelche Klassenkameraden von euch?“
Anna runzelte die Stirn. „Da fallen mir nur Sylvie und Alex ein, aber mit denen haben wir nicht viel zu tun.“

„Hast du eine andere Idee?“, hakte Rolf nach.
Anna zuckte die Schultern. „Ich könnte mal eben unsere Klassenliste holen.“
„Ja, das ist eine gute Idee“, meinte Rolf. „Isabel, du könntest dich damit ans Telefon hängen. Ich kümmere mich um die Polizei. Und dann setzen Robert und ich uns ins Auto und suchen Luisa. Anna, du kommst mit. Du kennst eure Reitwege am besten.“
Anna warf Norbert einen verstohlenen Blick zu. Er wirkte sehr angespannt. Es war ihm anzusehen, dass er auch gern etwas unternehmen wollte.
„Warum suchen wir nicht mit zwei Autos?“, fragte er schließlich. „Anna könnte bei mir mitfahren.“
Rolf schüttelte den Kopf. „Robert ist bei dir besser aufgehoben. Ihr nehmt euch die Hauptstraßen vor. Die Reitwege können wir mit dem Geländewagen abfahren.“
„Und ich?“, meldete sich Adelheid zu Wort. „Ich kann hier doch nicht untätig herumsitzen.“
„Und ob“, sagte Rolf. „Du bleibst mit Isabel im Haus. Es muss jemand da sein, wenn Luisa zurückkommt.“
„Jetzt bedauere ich, dass Luisa kein Handy hat“, sagte Adelheid. „Ich hielt das für übertrieben. Wie oft hatten

Luisa und ich deswegen Diskussionen. Und wenn ihr mit den Ponys unterwegs wart, wusste ich ja, dass du eins dabeihast, Anna.“ Sie lächelte gequält.

Isabel legte ihrer Freundin die Hand auf den Arm. „Alles wird wieder gut, Adelheid, glaub mir.“

Anna zuckte zusammen, als Rolf laut in die Hände klatschte. „Also los, packen wir es an.“

Die Suche

Die Polizei hatte Rolf am Telefon die Auskunft gegeben, dass keinerlei Unfälle gemeldet worden waren. Danach hatten sie die Vermisstenanzeige aufgenommen und versprochen sich zu melden, falls sich etwas Neues ergeben würde. Anschließend waren Rolf und Anna aufgebrochen, um die Feldwege abzufahren.

Unsanft rumpelte der Geländewagen über den unebenen Boden, und Anna musste aufpassen, sich nicht den Kopf am Seitenholm zu stoßen. Rolf hatte das Fernlicht eingeschaltet und der Wagen kämpfte sich Meter für Meter vor. Von Luisa und Zorro war weit und breit nichts zu sehen.

Immer wieder nahm Anna ihr Handy in die Hand. Isabel wollte anrufen, sobald sie eine Spur hatten. Doch das Telefon blieb stumm.

Rolf trat auf die Bremse und zeigte auf einen grasbewachsenen Weg, der zum Wald hinaufführte. „Seid ihr da schon mal langgeritten?“

„Kannst du knicken, Paps", antwortete Anna. „Das ist nur ein Zuweg zum Feld. Der geht da hinten nicht weiter."
„Irgendwo muss Luisa doch stecken, verdammt." Langsam wurde auch Rolf nervös und begann, mit den Fingern auf das Lenkrad zu trommeln. Entschlossen bog er in eine Hofeinfahrt ein. „Komm, wir fragen mal bei Schulze Scholle nach. Vielleicht haben die was bemerkt."
Der Bauer war gerade dabei, in der Tenne große Milchbottiche zu reinigen, und grüßte freundlich. Aber auch er hatte Luisa nicht gesehen. „Bei dem Wetter ist sie jetzt noch unterwegs?", fragte er stirnrunzelnd. „Na, so was hätte es zu unserer Zeit nicht gegeben, dass sich ein Mädchen im Dunkeln allein vom Hof entfernt." Er hob den Arm und milchig weiße Wassertropfen spritzten von der Reinigungsbürste durch die Luft.

Anna fand die Bemerkung ziemlich blöd und fragte sich, was der Bauer wohl mit *zu unserer Zeit* meinte. Ein Teil der Nachbarn hatte Anna und ihre Familie damals, als sie ins Mühlental gezogen waren, misstrauisch beäugt. Wenn sich jetzt bei diesen herumsprach, dass Luisa allein aufgebrochen und – was niemand hoffte – womöglich verunglückt war, dann würden sie sich in ihren Vorurteilen bestätigt fühlen. Das machte Anna traurig und zornig.
Der Besuch beim nächsten Bauern brachte sie ebenfalls nicht weiter. Auch Jan, der kleine Junge von einem der Nachbarhöfe, der sich oft auf dem Ponyhof herumtrieb, hatte Luisa und Zorro nicht gesehen.
Am liebsten hätte Anna geweint, als sie sich erschöpft auf den Beifahrersitz fallen ließ.
Da klingelte plötzlich ihr Handy. Fast hätte Anna es vor Schreck fallen gelassen. Robert rief an!
„Habt ihr sie endlich gefunden?“, brüllte Anna aufgeregt ins Telefon.
„Wow, jetzt bin ich auf dem rechten Ohr taub“, brummte Robert. „Ich wollte eigentlich nur sagen, dass auch die Nachbarn, bei denen wir waren, sie nicht gesehen haben. Wir fahren jetzt zurück.“

Traurig ließ Anna ihre Hand auf den Oberschenkel sinken. „Nichts", sagte sie zu Rolf. „Robert und Norbert machen sich auf den Rückweg."
Rolf strich sich seufzend durchs Haar. „Das sollten wir auch tun."

Isabel hatte ebenfalls nichts erreicht. Hilflos hob sie die Hände, als Rolf und Anna das Wohnzimmer betraten. „Das Ergebnis ist gleich null. Es ist, als hätte Luisa sich in Luft aufgelöst."
Robert blickte durch die Fensterscheibe in die Dunkelheit und fing plötzlich an zu kichern. „Vielleicht ist sie ja gar nicht weit weg. Eventuell hat sie sich irgendwo hier auf dem Hof versteckt und freut sich diebisch, dass wir uns alle Sorgen machen."
Adelheid saß genauso zusammengesunken auf dem Sofa wie zuvor. Ihre Augen waren gerötet.
Robert griff nach der Taschenlampe auf der Kommode. „Ich gehe noch mal raus."
„Ich komme mit!", rief Anna.
Sie konnte nicht einfach so dasitzen, sie musste etwas unternehmen.

Im Hinausgehen hörte sie, wie Adelheid sagte: „Ich habe Luisa einfach zu viel zugemutet. Ich wollte es nicht wahrhaben, dass es für sie ein Problem ist, wenn Norbert wie selbstverständlich so oft bei uns ist. Wir sind doch all die Jahre allein gewesen, Luisa und ich. Sie kennt das gar nicht, wenn ein Mann im Haus ist. Ich habe mir eingebildet, sie steckt das locker weg."

Aus dem Augenwinkel heraus sah Anna, dass Norbert verlegen zu Boden blickte. Der Arme, dachte sie und schloss leise die Wohnzimmertür hinter sich.

Wieder einmal musste Anna feststellen, dass man im Dunkeln Geräusche viel deutlicher wahrnahm. Vom Wald klang das Klagen eines Käuzchens zu ihnen herüber. Diesen Laut empfand Anna als tröstlich.

Dicht hielt sie sich an Roberts Fersen, der mit sicherem Tritt vorwegstiefelte. „Wohin willst du?", fragte Anna außer Atem.

„Rüber zu der alten Scheune von Schulze Scholles", erklärte Robert.

Anna spürte, wie mit jedem Schritt durch das hohe nasse Gras die Feuchtigkeit weiter durch ihre Hosenbeine drang. Aber das war ihr jetzt egal. Ein bisschen schwieriger wurde

es, im Schein der Lampe durch den Stacheldraht in die Nachbarweide zu klettern, doch Robert hielt ihr die Drähte weit genug auseinander. In der Nähe des Zauns stand die alte Scheune. Sie war inzwischen so windschief, dass sie sicher bei einem der nächsten heftigeren Stürme in sich zusammenfallen würde. Es war nicht ungefährlich, sich darin aufzuhalten.
Anna hielt die Luft an, als sie neben ihrem Bruder durch das Tor trat, denn im Innern roch es muffig nach verrottetem Stroh.
Schon ein erster Blick verriet Anna und Robert, dass Luisa nicht da war, dennoch leuchtete Robert in jeden Winkel der Scheune.
„Pah, nur raus hier", sagte Anna und zog sich die Kapuze über den Kopf.
Robert ließ den Strahl der Taschenlampe in Richtung Waldrand wandern. „Ob sie sich da irgendwo versteckt hält?"
Anna spürte, wie ihr eine Gänsehaut über den Rücken kroch bei dem Gedanken, dass Luisa frierend und durchnässt zwischen den Bäumen hocken könnte. „Ich glaube nicht. Da würde sie sich ja den Tod holen." Langsam stieg in Anna die Panik hoch und sie begann zu zittern.

Und dann machte Robert etwas, was er schon seit Ewigkeiten nicht mehr getan hatte. Er legte Anna den Arm um die Schultern. „Lass uns wieder reingehen."

Als Anna und Robert das Haus betraten, verabschiedete sich gerade ein Polizist, der mit dem Motorrad zum Ponyhof gekommen war, um noch einmal alle Angaben zu Protokoll zu nehmen. Er steckte in einer grün-weißen Leder-

kombi und hielt seinen Sturzhelm unter dem Arm. „Also, falls sich etwas Neues ergibt, melden Sie sich bitte umgehend“, verabschiedete er sich, setzte den Helm auf und stieg auf sein Motorrad.
Lange sah Anna dem roten Rücklicht hinterher, das sich immer weiter Richtung Hauptstraße entfernte. Und plötzlich flammte kurz eine Idee in ihrem Kopf auf.

„Anna?“ Isabel riss sie aus den Gedanken. „Komm rein, ich will die Tür zumachen, es wird kalt.“
Traurig folgte Anna ihrer Mutter ins Wohnzimmer. Sie war unendlich müde, aber als Rolf ihr über den Kopf streichelte und sie fragte, ob sie nicht lieber ins Bett gehen wolle, antwortete sie mit einem entschiedenen Nein. Wie hätte sie schlafen können, solange sie nicht wusste, was mit ihrer besten Freundin geschehen war?
Also wickelte sich Anna in die dunkelgrüne Kuscheldecke aus Fleece und hockte sich in einen der Sessel. Sie lauschte den Worten der Erwachsenen, die in einem leisen, ruhigen Ton miteinander sprachen.
Irgendwann wurden Annas Lider schwer und dann fielen ihr die Augen zu.
Doch schon schreckte sie wieder in die Höhe. Plötzlich wusste sie, was sie tun musste. Sie war mit einem Mal hellwach.
Am liebsten wäre sie aus dem Sessel gesprungen, doch sie zwang sich zur Ruhe. Die Erwachsenen sollten ihr nichts anmerken.
Sie reckte die Arme, gähnte demonstrativ und erklärte, dass sie nun doch ins Bett gehen wolle.

Sobald sie in ihrem Zimmer war, zog sie mit zitternden Fingern ihr Handy aus der Jackentasche. Schnell hatte sie auf dem leuchtenden Display die richtigen Tasten gedrückt und lauschte auf das Freizeichen.

Nachdem es etliche Male geklingelt hatte und Anna schon Sorgen hatte, es ginge niemand dran, hörte sie eine verschlafene Stimme. „Ja?"

„Marius?", flüsterte Anna.

„Ja, wer is'n da?"

„Hier ist Anna!"

„Weißt du eigentlich, wie spät das ist?", stöhnte Marius.

„Ja, natürlich", zischte Anna. „Aber darauf konnte ich gerade keine Rücksicht nehmen. Ich brauche deine Hilfe. Versuch mal, deinen verpennten Grips anzustrengen."

Marius und sein bester Kumpel Matze waren fast drei Jahre älter als Anna und Luisa. Sie hatten ihnen schon ein paarmal aus der Klemme geholfen und praktischerweise besaßen sie beide ein Moped. Auf denen Anna und Luisa natürlich offiziell nicht mitfahren durften. Da hatte es mit Rolf, Isabel und Adelheid schon mal richtig Ärger gegeben.

Das Rücklicht des Polizeimotorrades war es gewesen, das Anna auf die Idee gebracht hatte, Marius anzurufen.

Vielleicht hatte Luisa ja Hilfe bei ihm gesucht. Ganz ausgeschlossen war das nicht.
Im Flüsterton berichtete Anna Marius, was geschehen war. „Hast du irgendeine Ahnung, wo Luisa stecken könnte? Alle machen sich schreckliche Sorgen. Ist sie vielleicht bei dir?“
Anna hörte es in der Leitung knacken. „Warte, ich schau mal aus dem Fenster“, antwortete Marius. „Nö, da steht kein Pony in unserem Garten ... Mensch, Anna, spinnst du? Wie sollte das denn funktionieren? Du weißt, dass wir in einem kleinen Reihenhäuschen wohnen.“
„War nur so ein Gedanke“, maulte Anna gereizt.
„Jetzt mal ganz ruhig“, sagte Marius, der inzwischen richtig wach war. „Hast du wirklich überhaupt keine Idee, wo Luisa stecken könnte?“
„Sonst hätte ich dich ja nicht angerufen“, erwiderte Anna. „Aber wenn du auch nichts weißt ...“
„Moment“, fiel Marius ihr ins Wort. „Leg mal eben auf. Ich rufe Matze an. Vielleicht hat der eine Idee. Ich melde mich in ein paar Minuten wieder, okay?“
„Okay“, flüsterte Anna ins Handy und drückte auf die Taste mit dem roten Telefonsymbol. Dann stellte sie den

Rufton lautlos, damit es keiner mitbekam, wenn Marius anrief.
Die Minuten schienen sich unendlich in die Länge zu ziehen, aber schließlich leuchtete das Display auf und verkündete: Anruf von Marius.

Vertrauen gegen Vertrauen

Vor Kälte zitternd stand Anna an der Hauptstraße. Mit zusammengekniffenen Augen spähte sie in die Dunkelheit und wartete darauf, dass der Scheinwerfer von Marius' Moped auftauchte.

Es war überhaupt nicht leicht gewesen, sich aus dem Haus zu schleichen, ohne dass die Eltern etwas davon mitbekamen.

Anna hüpfte von einem Fuß auf den anderen und warf immer wieder ängstliche Blicke zum Ponyhof hinüber.

Endlich hörte sie ein Motorengeräusch und dann kam auch schon der Scheinwerfer in Sicht.

„Hi!“, sagte Marius und reichte Anna den zweiten Helm.

Ohne zu zögern, setzte Anna ihn auf und schwang sich hinter Marius auf die Sitzbank. Zum Glück hatte sie daran gedacht, warme Handschuhe anzuziehen.

Während der Fahrt ging ihr noch einmal durch den Kopf, was Marius erzählt hatte. Matze hatte am Abend ihre Verabredung zum Playstationspielen abgesagt. Das war noch nie vorgekommen. Und dann hatte Matze sein Handy ausgestellt. Sehr verdächtig.

Dass sich Luisa bei Matze zu Hause versteckt hielt, war nicht sehr wahrscheinlich, denn Matze wohnte mit seiner Familie in einem Mehrfamilienhaus. Aber Marius hatte eine andere Idee gehabt. Matzes Großmutter besaß einen Schrebergarten in einer Laubenkolonie am Stadtrand. „Da könnte man ein Pony durchaus unterbringen. Vielleicht ist sie da. Ich hol dich ab“, hatte Matze gesagt. „Einen Versuch ist es wert. In zehn Minuten bei euch oben an der Hauptstraße.“ Marius hatte aufgelegt, noch ehe Anna etwas hatte erwidern können.

Und nun waren sie auf dem Weg zur Laubenkolonie.

Anna spürte das Blut durch ihre Adern rauschen, obwohl das Vibrieren und Knattern des Mopeds alles zu übertönen schien. Wenn ihre Eltern wüssten, was sie da gerade tat! Ein Riesendonnerwetter würde das geben. Aber vielleicht fand sie Luisa! Dafür riskierte sie das gerne.

Die Fahrt schien kein Ende zu nehmen, und Anna fragte sich, ob Luisa tatsächlich so weit auf Zorro geritten sein konnte.

Endlich drosselte Marius die Geschwindigkeit und bog in einen planierten Schotterweg ab. Schemenhaft erkannte Anna durch das beschlagene Visier des Helms eine paar kleine Häuschen.

„Wir lassen das Moped besser hier stehen", flüsterte Marius, nachdem er den Motor abgestellt hatte. Sie hängten die Helme über den Lenker. Die würde sicher keiner klauen.

„Weißt du denn überhaupt, welche die Hütte von Matzes Oma ist?“, fragte Anna, für die die kleinen Holzhäuschen irgendwie alle gleich aussahen.
„Worauf du dich verlassen kannst“, erwiderte Marius. „Wir sind im Sommer oft zum Grillen hier gewesen.“
Im selben Moment stieß Anna einen leisen Fluch aus. Sie hatte im Dunkeln eine Pfütze übersehen und war hineingetreten. Kaltes Wasser drang in ihren Schuh. Frierend trottete sie hinter Marius her. Ein leichter Wind wehte die feinen Nieselregentröpfchen durch die Büsche und ein paar Kaninchen kreuzten ihren Weg.
Anna ließ ihren Blick über die Fenster der kleinen Hütten wandern. Alles war stockdunkel. Wer war um diese Jahreszeit mitten in der Nacht schon in seiner Laube? Anna verließ der Mut. Vermutlich waren sie umsonst hierhergekommen. Und genauso wahrscheinlich war es, dass bei ihrer Rückkehr aufflog, dass sie mit Marius auf dem Moped mitgefahren war. Was für eine Schnapsidee!
„Da!“, zischte Marius. „Dort drüben ist es. Siehst du?“ Zielstrebig lief er auf eines der Häuschen zu.
Anna runzelte die Stirn. „Da ist keiner. Und Zorro ist auch nirgends zu sehen.“

Plötzlich packte Marius sie am Arm. „Da brennt eine Lampe! Schau doch!“
Annas Herz fing schneller an zu schlagen. Tatsächlich! Marius hatte recht! Durch einen dünnen Schlitz drang Licht nach draußen. Anna schaute sich um. Aber wenn sich Luisa wirklich hier verkrochen hatte, wo war dann Zorro?
Leise knirschte der Kies unter ihren Füßen, als sie den schmalen Weg zur Tür schlichen. Vorsichtig drückte Marius die Klinke herunter. Die Tür war nicht verschlossen. Langsam schwang sie auf.
Auf einem kleinen Tischchen brannte eine altmodische Nachttischlampe.
Aber die Hütte war leer.
Die Tür fiel ins Schloss und Anna ließ enttäuscht die Arme hängen. Sie hatte so sehr gehofft, Luisa zu finden. Und nun?
In diesem Moment wurde die Tür aufgestoßen und Luisa und Matze betraten die Hütte.

So sehr sich Anna die ganze Zeit über gewünscht hatte, ihre beste Freundin zu finden, so wenig hatte sie sich Gedanken darüber gemacht, was sie ihr sagen wollte, wenn sie sich gegenüberstanden.

Luisa sah strubbelig und abgekämpft aus und am liebsten hätte Anna ihr tausend Sachen an den Kopf geworfen. Wie konntest du dich und Zorro nur in Gefahr bringen? Warum hast du uns solche Sorgen bereitet? Aber Anna sagte nichts.
„Ach, ihr seid das", brach Matze schließlich das Schweigen. Er schob sich an Luisa vorbei, klatschte Marius im Vorbeigehen auf die Schulter und ließ sich auf das alte Sofa plumpsen.
Endlich fand auch Anna ihre Sprache wieder. „Wie geht es dir?", fragte sie Luisa.
„So lala", brummte Luisa.
„Ich glaube, ich rufe mal eben zu Hause an und sage, dass wir dich gefunden haben", schlug Anna vor. „Ich muss ja nicht verraten, wo wir sind, nur dass sie sich keine Sorgen mehr machen müssen. Ist das okay?"
Luisa zuckte die Schultern. „Wenn du meinst."
In dem Augenblick, als Anna die Kurzwahlnummer antippen wollte, hielt sie noch einmal kurz inne. „Sagt mal, wo ist eigentlich Zorro?"
Matze winkte ab. „Dem geht's gut. Wir waren gerade bei ihm. Jetzt ruf halt erst mal an."

Anna war sehr aufgeregt, als sie das Freizeichen hörte. Gleich würde jemand abheben. Isabel oder Rolf.
Ein Knacken in der Leitung, dann die Stimme ihrer Mutter. Sie klang angespannt. Anna konnte sich vorstellen, wie die anderen sich nun mit gespitzten Ohren in ihren Sesseln aufrichteten. „Mama? Ich bin's“, sagte Anna.
„Anna, verdammt, wieso kommst du nicht einfach runter, wenn du mit uns reden willst?“, maulte Isabel. „Leg jetzt auf und ...“
„Mama, wir haben Luisa gefunden. Es geht ihr gut“, fiel Anna ihrer Mutter ins Wort.
„Ihr habt ... was?“ Isabel klang verwirrt. „Und wer ist wir?“
„Marius und ich“, erklärte Anna kurz. „Wir haben Luisa und Zorro gefunden. Ich kann dir nicht verraten, wo wir sind.“
Nun hatte Isabels Stimme einen hysterischen Unterton angenommen. „Anna, du sagst mir jetzt sofort ...“
„Mama, entspann dich.“ Anna bemühte sich, ruhig zu bleiben. Sie hatte vor lauter Aufregung angefangen zu zittern.
„Gib mir sofort Luisa!“, befahl Isabel.
„Ich glaube nicht, dass das eine gute Idee ist“, sagte Anna.

Auf einmal hörte sie dumpf die Stimme ihres Vaters. „Lass mich mal.“ Er nahm Isabel das Telefon aus der Hand und fragte: „Anna, wo seid ihr denn?“
„Paps, ich kann’s dir echt nicht sagen“, erwiderte Anna.
„Schon gut.“ Rolf räusperte sich. „Hauptsache, Luisa und Zorro geht es gut. Es geht ihnen doch gut?“
„Ja, alles bestens.“ Anna wurde ungeduldig. „Ich leg jetzt wieder auf, okay? Wollte nur Bescheid geben.“
„Anna, warte!“, rief Rolf. „Ich verstehe das überhaupt nicht. Wir alle dachten, du bist oben im Bett. Erklär mir wenigstens, was los ist.“
„Nur wenn du nicht schimpfst“, bat Anna.
„Geht klar“, versprach Rolf.
Dann erzählte Anna, dass sie zu Marius Kontakt aufgenommen und der sie abgeholt hatte. Und wie sie anschließend Luisa gefunden hatten.
„Okay“, sagte Rolf. „Ich klär das hier. Aber meldet euch bitte gleich wieder.“
„Mal sehen“, sagte Anna und legte auf.
Luisa hatte sich auf dem Sofa zusammengekauert. Es war nicht besonders warm in der Hütte. Der kleine Elektroofen in der Ecke konnte den Raum kaum heizen.

Anna schubste Marius beiseite, um sich neben ihre Freundin setzen zu können.
Luisa rang sich ein schüchternes Lächeln ab. „Danke“, flüsterte sie.
„Ist schon okay“, antwortete Anna. „Aber jetzt erzähl mir, warum du abgehauen bist.“
Anna verschlug es die Sprache. Luisa war eigentlich schon auf dem Rückweg zum Ponyhof gewesen, als sie der Mut verlassen hatte. Schon von Weitem hatte sie sehen können, dass Adelheid noch nicht heimgekommen war. Daraufhin war sie nass und verfroren wieder umgedreht, ohne zu wissen, wohin sie reiten sollte. Da hatte die Dämmerung bereits eingesetzt.
„Und wie bist du auf Matze gekommen?“, wollte Marius wissen.
„Und von wo hast du ihn angerufen?“, warf Anna ein, denn Luisa besaß ja kein Handy.
Luisa hob beide Hände. „Na, ganz einfach. Ich kam da vorbei. Ganz am Ende der Straße, in der Matze wohnt, führt doch der eine Feldweg vorbei.“
Matze grinste. „Sah ganz schön komisch aus, als plötzlich das Pony vor der Tür stand.“ Er senkte den Blick. „Dann

hat mir Luisa alles erzählt und gesagt, dass sie keinen Bock hätte auf Zuhause."

„Matze hatte die Idee mit dem Schrebergarten", fuhr Luisa fort. „Wir wollten nur für ein Weilchen bleiben und Krisenrat halten. Aber je länger ich fort war, desto weniger habe ich mich getraut zurückzureiten. Und dann war es irgendwann zu spät."

Jetzt blickte Matze auf. „Und wie seid ihr darauf gekommen, dass wir hier sind? Hat uns jemand gesehen?"

Stolz verschränkte Marius die Arme vor der Brust. „Formallogisches Abstraktionsvermögen."

Jetzt mussten alle lachen.

Dann hing jeder für einen Moment seinen Gedanken nach, bis Marius schließlich die Frage stellte, die allen im Kopf herumschwirrte. „Und was machen wir jetzt?"

Plötzlich hatte Anna eine verrückte Idee, und bevor sie richtig nachdenken konnte, hatte sie sie auch schon ausgesprochen.

„Warum bleiben wir nicht einfach über Nacht im Schrebergarten?"

Die anderen sahen sie zunächst ungläubig an, aber dann nickten sie.

„Ja, warum eigentlich nicht?“, erwiderte Marius.

Matze zuckte die Schultern.

„Das ginge schon klar. Wir haben ein paar Decken und Kissen hier. Und Tee und Plätzchen und so einen Kram gibt es reichlich.“

„Dann müssen wir aber saufrüh aufstehen“, gab Marius zu bedenken. „Luisa muss noch vor Schulbeginn zurückreiten.“

Luisa lachte. „Saufrüh aufstehen ist nun wirklich kein Problem.“

Anna hielt den anderen die Hand hin. Matze, Marius und Luisa schlugen ein.

„Ich schicke Papa einfach eine SMS“, sagte Anna kurzerhand und fühlte sich plötzlich unglaublich stark, als sie ihr Handy aus der Tasche zog.

Wir kommen erst morgen früh heim, tippte sie ein. *Macht euch keine Sorgen und sagt bitte Marius' Eltern Bescheid, wir sind hier gut versorgt. Auch Zorro. Vertraut uns. Okay? LG, Anna.*

Alle starrten gebannt auf das Display von Annas Handy. Es dauerte eine Weile, bis sich die Antwort endlich mit einem melodischen Ton ankündigte.

Okay, hatte Rolf geantwortet. *Ich regle das schon und rede mit Adelheid. Vertraut mir. Okay? LG, Papa.*
Anna lächelte, als sie Rolfs Worte vorlas. Vertrauen gegen Vertrauen. Das war ein schönes Gefühl. Dann schrieb sie: *Okay. Danke.*
„Sagt mal, wo steckt denn nun eigentlich Zorro?", fragte Anna.
Matze grinste von einem Ohr zum anderen. „Im Schweinestall."
Anna lachte. „Im Schweinestall?"
Luisa nickte.
„Ja, die Laubennachbarn halten Schweine und haben vor ein paar Jahren einen schönen Stall gebaut", erklärte Matze. „Und weil zwei davon letztens geschlachtet worden sind, gibt es dort reichlich Platz und außerdem sehr, sehr leckeres Heu."
„Ich möchte ihm noch gern Gute Nacht sagen!", rief Anna und sprang vom Sofa hoch.
Im Hinausgehen hielt Luisa sie am Arm fest. „Ich hab ganz schön Bammel davor, meiner Mutter morgen unter die Augen zu treten."
Matze und Marius gingen schon mal vor.

Anna seufzte und zuckte die Schultern. „Tja, ich befürchte, da musst du durch. Aber ich glaube, dass sie vor allem froh sein wird, dass dir nichts passiert ist – genau wie alle anderen auf dem Ponyhof.“

Wir werden sehen

Adelheid und Luisa hatten nach dem nächtlichem Ausflug einiges zu besprechen. Und dazu hatten sie viel Zeit, denn sowohl Anna als auch Luisa hatten sich eine ordentliche Erkältung eingefangen und mussten ein paar Tage das Bett hüten.
Endlich hatte Adelheid Luisa richtig zugehört. Und sie hatten auch die Fotos von der Klassenfahrt angeschaut.
Norbert selbst hatte den Vorschlag gemacht, sich zunächst wieder ein wenig zurückzuziehen. Und Luisa und Adelheid trafen eine Abmachung. Einmal in der Woche hatte Adelheid ihren Ausgehabend und einmal in der Woche durfte Norbert zu Besuch kommen. Nach zwei Monaten wollten sie neu verhandeln.

„Eigentlich finde ich Norbert richtig nett“, gab Luisa zu, als sie Wochen später mit Anna und den Ponys einen Ausritt machte.

Der Winter schickte seine ersten Vorboten in das Mühlental. Dort, wo der Boden noch vor Kurzem vom Regen aufgeweicht worden war, knirschte jetzt eine gefrorene Schicht unter den Hufen.

Die Luft war klar und kalt. Saatkrähen kreisten über den Feldern.

„Er ist sehr lustig und weiß wirklich eine Menge“, fügte sie hinzu, als erwarte Anna eine Erklärung. „Und was das

Beste ist: Er hält sich aus allem raus, was mich angeht. Also er macht mir keine Vorschriften und so."

Anna lächelte und nickte. „Dann ist ja alles in Butter, oder?"

Luisa zuckte die Schultern und grinste über das ganze Gesicht. „Ist es das nicht immer, wenn wir einen Ausritt machen?"

Ausreiten? Aber sicher!

Jeder Pferdefreund weiß, dass ein Pferd oder Pony ausreichend Bewegung braucht. Da ist ein Ausritt genau das Richtige, denn er bringt dem Tier nicht nur Auslauf, sondern seinem Reiter auch viel Spaß. Wenn du dabei ein paar Regeln beachtest, steht dem Vergnügen nichts im Wege.

Am besten ist es, wenn sich mehrere Reiter für einen Ausritt zusammentun. Das ist zum einen sicherer, und zum anderen fühlen sich Pferde in Gesellschaft anderer Artgenossen wohler.

Dass du beim Ausritt eine Reitkappe trägst – so wie generell beim Reiten – sollte eine Selbstverständlichkeit sein. Und wenn du ein Handy besitzt, ist es sinnvoll, es für alle Fälle dabeizuhaben.

Wichtig ist natürlich, dass du dein Reittempo immer an das Gelände anpasst. Vorsicht bei sumpfigem und matschigem Untergrund! Klar, dass du nur auf Wegen reitest, auf denen das Reiten erlaubt ist, und dass du diese nicht verlässt. Du könntest sonst nicht nur dein Pferd gefährden, sondern auch wildlebende Tiere in ihrem Lebensraum stören.

Besondere Vorsicht ist natürlich geboten, wenn du dich mit deinem Pferd oder Pony einer befahrenen Straße näherst. Tu das grundsätzlich nur mit einem Reittier, das den Verkehr gewöhnt ist und nicht schreckhaft reagiert. Nähere dich der Straße langsam. Wenn du die Straße überqueren willst, warte eine ausreichend große Lücke im Verkehr ab. Waghalsige Manöver könnten dich, dein Tier oder andere gefährden! Willst du an einer Straße entlangreiten, dann musst du dich an den rechten Fahrbahnrand halten.

Bevor du losreitest, solltest du dich immer vergewissern, dass die Ausrüstung deines Pferdes in Ordnung ist. Für den Fall, dass die Lichtverhältnisse nicht gut sind, ist es wichtig, Reflektoren am Körper zu tragen, damit du gut gesehen wirst. Willst du im Dunkeln reiten, ist eine Reitlampe nötig. In jedem Fall ist es wichtig, dass dein Pferd haftpflichtversichert ist.

Jetzt sollte dem Spaß beim Ausreiten nichts mehr im Wege stehen.

Ponyhof Mühlental

Anna – Ausritt ins Abenteuer

Das Abenteuer lockt

Als Anna und Luisa von der Bushaltestelle zum Ponyhof im Mühlental radelten, sahen sie von Weitem die Shetlandponys übermütig über die Weide traben, und Luisas Hund Jesko sprang durch das hohe Gras und jagte die ersten Motten und Grashüpfer. Isabel hängte im Garten Wäsche auf und winkte.

„Hoffentlich hält das gute Wetter an!“, rief Anna, die sich die Fleece-Jacke ausgezogen und auf den Gepäckträger geklemmt hatte. „Mich würde es nicht wundern, wenn mit dem ersten Ferientag das Matschwetter zurückkommt.“

Aber Luisa war zuversichtlich. „Die Prognosen sind gut, hat Mama gesagt. Wir werden jede Menge Ausritte machen können, ist das nicht toll?“

Anna verzog den Mund. „Ich hoffe nur, dass meine Mum Fee und Zorro nicht zu oft für die Ferienreitkurse einplant.“

„Das hoffe ich auch“, sagte Luisa und trat ordentlich in die Pedale. „Und jetzt habe ich erst mal Hunger.“

Wie so oft, wenn Luisas Mutter Adelheid, die auf dem Ponyhof in einem alten Speicher eine Tierarztpraxis führte, in der Tierklinik im Einsatz war, aß Luisa bei Anna mit zu Mittag. Heute gab es passend zum warmen Wetter Gemü-

sesuppe. Annas Mutter Isabel hatte sie für die beiden in der Küche bereitgestellt.

Während Anna ihre Suppe löffelte, zog sie die Tageszeitung zu sich heran. „Auf der Freilichtbühne wollen sie in diesem Jahr ein Musical aufführen, hast du das gesehen?“ Anna tippte auf die Lokalseite.

Luisa rümpfte die Nase. „Na ja, Musicals sind nicht gerade mein Ding.“

„Ist eh was für Erwachsene“, erklärte Anna und dachte im selben Moment, dass sie sich für die Kinderaufführung irgendwie schon zu alt fühlte. Obwohl das eigentlich Unsinn war. „He!“, rief sie plötzlich, als sie die Seite umgeblättert hatte. „In Münster ist heute der letzte Tag Send und wir sind schon wieder nicht da gewesen! So ein Mist, dabei hätte ich mal wieder richtig Lust auf Kirmes gehabt.“

Luisa zuckte die Schultern, da kam Isabel mit einem großen Korb voll Wäsche herein.

„Wovon ist heute der letzte Tag?“, erkundigte sie sich.

„Send!“, riefen Anna und Luisa wie aus einem Munde.

Isabel stellte den Wäschekorb ab und streckte den Rücken. „Ach ja, ihr habt den Send ja schon die letzten Male verpasst, nicht wahr?“

„Ja, irgendwas war immer“, erwiderte Anna. „Übrigens klasse, die Suppe.“
„Danke“, sagte Isabel. „Aber wenn heute noch Send ist, dann fahrt doch hin.“
Anna und Luisa sahen sich an und zogen eine Grimasse. Isabel wusste sofort, was das hieß. Da der Bus aus der Bauerschaft nach Schulschluss nur einmal am Nachmittag fuhr, müssten die beiden mit dem Rad in den Ort und von dort mit dem Zug nach Münster fahren, was sehr umständlich war.
Isabel hob den Wäschekorb wieder hoch. „Du könntest ja mal ganz lieb deinen Vater bitten, Anna. Ich kann euch leider nicht hinbringen, obwohl so ein richtig fettiges Stück Backfisch jetzt genau das Richtige wäre.“ Isabel zwinkerte den beiden zu. „Aber ich habe gleich noch zwei Lektionen.“
„Also, komm, versuchen wir unser Glück“, sagte Anna. „Die Hausaufgaben können wir auch später noch machen.“

Sie erwischten Rolf in seinem Büro in der alten Upkammer und trugen ihm ihren Wunsch vor.

Rolf sah müde aus und schob sich seine Brille auf die Stirn. „Leute, ich habe …“

„Noch jede Menge Büroarbeit zu erledigen!“, riefen Anna und Luisa lachend im Chor. Diesen Spruch kannten sie von Rolf schon zur Genüge.

Anna legte ihrem Vater die Hand auf die Schulter. „Paps, wenn du mich fragst, dann könntest du eine Pause gut gebrauchen. Du siehst total überarbeitet aus. Außerdem scheint draußen die Sonne und du hockst den lieben langen Tag hier im Büro und …“

„Schon gut, schon gut!“, unterbrach Rolf seine Tochter und hob beide Arme. „Ich geb auf. Du hast ja recht. Außerdem muss ich in Münster sowieso noch was erledigen.“

Anna schüttelte tadelnd den Kopf. „Dass du immer nur an Arbeit denkst.“

Auf dem Weg nach Münster sangen Anna und Luisa lauthals ein Lied aus dem Englischunterricht, denn sie hatten richtig gute Laune. „In England's fair city, where the girls are so pretty ..."
„Uah!", rief Rolf. „Das ist nicht fair! Ich muss die Hände am Lenkrad haben und kann mir die Ohren nicht zuhalten! Was muss ich euch geben, damit ihr aufhört? Sind zwanzig Euro Send-Geld genug?"
Anna und Luisa verstummten augenblicklich.
„Wenn wir gemein wären, würden wir das jetzt ausreizen, aber wir sind ja nicht so." Anna strubbelte ihrem Vater durch die Haare. „Danke, Paps, das ist lieb von dir."
„He, schau mal da!", rief Luisa plötzlich. Sie hatte am Horizont eine Gruppe von mehreren Reitern entdeckt, die im Schritt am langen Zügel hintereinander her über einen

Feldweg ritten. Ins Gegenlicht blinzelnd erkannte sie, dass die Pferde allesamt mit Satteltaschen bepackt waren. Einige der Reiter trugen Cowboyhüte. Sofort dachte Luisa an Lagerfeuer und Gitarrenmusik. „Die schleppen aber viel Zeug mit sich herum."

„Vielleicht sind es Wanderreiter", sagte Rolf, als er in die Bundesstraße einbog, die nach Münster führte.

Am großen Kirmesplatz vor dem Schloss war der Teufel los, sodass Rolf Anna und Luisa in einer Seitenstraße aussteigen ließ und sofort weiterfuhr. Zwei Stunden blieben ihnen auf dem Send.

Ohne sich abgesprochen zu haben, war es für beide sonnenklar, dass sie als Erstes mit dem Riesenrad fahren wollten. Nichts taten sie auf einer Kirmes lieber als das.

„Verdammt, hätten wir mal ein Fernglas mitgenommen", sagte Anna. „Die Sicht ist heute perfekt."

Luisa winkte ab. „Geschenkt, man sieht auch so genug." Sie blickte sich suchend um und streckte dann den Arm aus. „Schau mal, dahinten müsste das Mühlental liegen, oder?"

Anna blinzelte in die Ferne. „Ich glaube, schon. Verrückt, es sieht aus, als könnte man hinspucken."

Einen Moment genossen sie schweigend den Ausblick. Und als sich die Gondel hoch über die Dächer von Münster hob, musste Anna wieder an die Wanderreiter denken, die gerade irgendwo dort hinten in den Wäldern unterwegs waren. Das war bestimmt aufregend, schoss es ihr durch den Kopf. Dann war die Fahrt mit dem Riesenrad viel zu schnell zu Ende. Genau wie die zwei Stunden auf dem Send. Nachdem die Freundinnen noch zwei weitere Karussells ausprobiert hatten und Pommes und Popcorn gegessen hatten, mussten sie sich schon auf den Weg zu dem verabredeten Treffpunkt mit Rolf machen.

Glücklich und zufrieden kamen sie auf den Ponyhof zurück. Isabel zeigte grinsend die Treppe hinauf. „Und hier, meine Damen und Herren, kriegen sie ganz umsonst die neueste Attraktion zum runden Abschluss unseres diesjährigen Frühjahrs-Sends: die Hausaufgaben!"

Anna streckte ihrer Mutter lachend die Zunge raus und verschwand in ihrem Zimmer.

Sie war noch viel zu aufgeregt und erledigte die Hausaufgaben, ohne sich besondere Mühe dabei zu geben. Es waren doch sowieso bald Ferien! Sie wollte lieber schnell zu Fee in den Stall!

Die Ponystute begrüßte sie mit einem wohligen Schnauben. Sie war heute zweimal in der Lektion gegangen und hatte ihre Arbeit getan. Jetzt genoss sie in aller Ruhe ihre Abendmahlzeit.

„Leider können wir beide heute nicht mehr ins Gelände“, sagte Anna, während sie ihrer Stute mit sanften Bürstenstrichen über das Fell fuhr. Auch wenn die Reitschülerinnen das Putzen bereits erledigt hatten, so wusste Anna doch, dass Fee sich über zusätzliche Striegeleinheiten sehr freute. „Aber bald sind Ferien, dann werden wir beide viel mehr Zeit miteinander verbringen. Zusammen mit Luisa und Zorro machen wir das Mühlental unsicher. Schade, dass ich nicht so coole Packtaschen habe wie die Wanderreiter, die wir vorhin gesehen haben. Übrigens waren wir heute auf dem Send …“

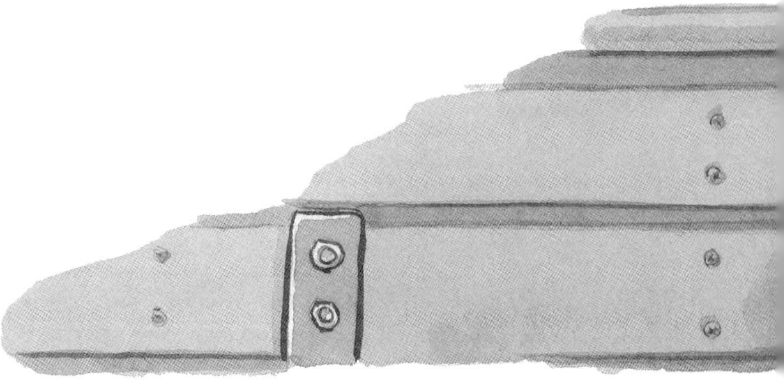

Anna plapperte munter auf ihre Ponystute ein, als könnte diese sie verstehen, da hörte sie plötzlich Luisa auf dem Hof schreien.

Schnell legte Anna die Bürste in Fees Eimer zurück und lief hinaus zu ihrer Freundin, die wie von einer Tarantel gestochen um ihren Hund Jesko herumhüpfte. „Bah, Jesko, das ist voll ekelig! Spuck das aus! Du schleckst mir so schnell nicht noch mal durchs Gesicht, klar?"
Jesko ließ Luisas Gebrüll völlig kalt. Geschickt wich er ihren Bewegungen aus. Dabei machte er eine unschlagbare Unschuldsmiene.
Den Grund für Luisas Indianertanz erkannte Anna sofort. Jesko hing eine halb verweste Pfote von irgendeinem Kleintier aus der linken Lefze, die er nun stolz mit sich herum trug.
Anna schlug sich die Hände vors Gesicht. „Igitt, was ist das denn?"
„Die Frage muss lauten: Was war das denn?", korrigierte Luisa sie. „Uah, ich befürchte, das lässt sich nicht mehr sagen. Los, Jesko, spuck den Mist aus!"
Aber Jesko ließ sich nicht beirren und verteidigte für den Rest des Abends tapfer seine Beute, sodass Adelheid und Luisa ihm den Zutritt zum Haus verwehrten.
Er musste die Nacht draußen vor dem alten Speicherhaus verbringen, worüber er alles andere als glücklich war. Sein

herzzerreißendes Winseln war noch bei Anna im Zimmer zu hören und raubte ihr den Schlaf.
Schließlich schlüpfte Anna aus dem Bett und warf einen Blick hinüber zur Tierarztpraxis. „Du Schlawiner“, flüsterte sie grinsend, denn sie sah deutlich, dass das halb verweste Tier immer noch zwischen Jeskos Pfoten lag. Außerdem hatte Luisas Hund es sich in Adelheids Salbeibüschchen bequem gemacht. „Na, da wird sich aber jemand freuen.“
Anna rieb sich die müden Augen. Im Haus war es ruhig. Sie dachte noch einmal an den Tag zurück und hatte plötzlich eine Idee.
Auf Zehenspitzen schlich sie hinüber zu Rolfs Büro. Die Regale waren vollgestopft mit Ordnern, Registern und Fachbüchern. Anna legte den Kopf schief und ließ den Blick über die Buchrücken wandern.
Sie war auf der Suche nach einem bestimmten Buch, das sie schon einmal in der Hand gehabt hatte.
Schließlich fand sie es. Es war ein älteres bebildertes Sachbuch. Die Männer auf den Fotos hatten altmodische Frisuren mit Koteletten und trugen Schnurrbärte und Hemden mit ausgestelltem Kragen, so ähnlich wie die Musiker auf

Rolfs alten Schallplatten. Aber die Überschrift verriet, dass es in dem Buch genau um das ging, worüber Anna mehr in Erfahrung bringen wollte: das Wanderreiten.
Schnell huschte sie mit dem Buch ins Bett und knipste die Nachttischlampe an. Dann schlug sie die erste Seite auf.

Wanderreiten light

„Wanderreiten. Das werden die nie erlauben“, sagte Luisa und hielt sich gähnend die Hand vor den Mund. Sie war noch nicht richtig wach und ließ sich tiefer in den Sitz des Schulbusses sinken.

Anna verzog den Mund. Sie hatte sich mehr Begeisterung von ihrer Freundin erhofft. Auch wenn Luisa recht haben mochte. An den Störfaktor Eltern hatte Anna natürlich auch gedacht. „Wir müssen es ihnen halt so verkaufen, dass es eine absolut sichere und wasserdichte Sache ist. Perfekte Planung ist alles. In dem Buch …“

„Was ist denn das eigentlich für ein Buch, von dem du da sprichst?“, fiel Luisa ihr ins Wort.

Anna beugte sich vor und senkte ihre Stimme. „Hab ich aus Rolfs Fachbuchsammlung. Da steht alles drin, was man über das Wanderreiten wissen muss.“

„Wir können ja nach der Schule mal einen Blick reinwerfen“, antwortete Luisa und gähnte wieder.

Anna verschränkte die Arme vor der Brust. „Mensch, Luisa, deine Begeisterung hat ja ungefähr so viel Power wie eine Schnecke."

Luisa grinste. „Schnecken werden im Allgemeinen sehr unterschätzt. Ach, Mann, Anna, ich bin einfach schrecklich müde. Jesko hat die ganze Nacht keine Ruhe gegeben."

„Was du nicht sagst", erwiderte Anna patziger, als sie eigentlich wollte. „Ich stelle mir das so toll vor, ein paar Tage nur mit den Ponys unterwegs zu sein, so wie die Leute gestern."

„Ja, aber man kann nicht einfach drauflosreiten?", gab Luisa zu bedenken.

„Wer spricht denn von einfach drauflosreiten." Jetzt war Anna wirklich enttäuscht. Seit dem Abend konnte sie an nichts anderes mehr denken als an ihre Idee, mit Luisa zusammen eine mehrtätige Tour mit den Ponys zu machen. Und nun hatte sie das Gefühl, Luisa wollte ihr die Idee kaputtreden. Sie wünschte sich doch so sehr, in den Ferien mit ihrer Freundin ein richtiges Abenteuer zu erleben!

Doch Anna hatte sich getäuscht. Gleich nach der Schule schlug Luisa vor, sich das Buch bei den Ponys auf der Weide einmal genauer anzuschauen.

Zorro und Fee kamen herbei und schnupperten neugierig an dem aufgeschlagenen Buch in Annas Schoß. Anna schob ihre Köpfe sanft beiseite. „Lasst das, das hier hat zwar auch was mit euch zu tun, aber zum Fressen ist das nicht."

„Schau", sagte Anna und zeigte auf die erste Seite. „Hier ist erklärt, was man bei den Vorbereitungen alles beachten muss. Na ja, dass die Ponys im Gelände erfahren sein sollen und nicht schreckhaft sein dürfen, versteht sich ja von selbst. Aber das trifft auf unsere beiden ohnehin zu."

Aufmerksam las Luisa die Überschriften. Hier stand zu allen möglichen Themen etwas. Angefangen bei der zweckmäßigen Kleidung, über das Verhalten bei Gewitter und die Quartiere bis hin zu Futterbeuteln und Packtaschen. Lachend hielt sich Luisa die Hand vor den Mund, als sie eine Seite mit Fotos aufschlug. „Die Leute sehen ja echt voll oll aus. Guck mal, der da reitet mit Melone und Jackett. Wie blöd ist das denn?"

„Ja, aber jetzt mal im Ernst, das wäre doch toll, wenn wir so was machen könnten", sagte Anna. „Man reitet bestimmte Quartiere an, wo man übernachten und die Pferde versorgen und unterstellen kann, und am nächsten Tag geht es weiter."

„Durch die weite Prairie und unbekanntes Gelände", kicherte Luisa. „Ja, das stelle ich mir super vor. Und im Kartenlesen bin ich gar nicht mal schlecht. Wir brauchten allerdings Packtaschen, denn wir müssen ja einiges mitnehmen. Hier ist eine Checkliste. Mann, die ist ganz schön lang. Regenschutz, Kleidung zum Wechseln, Taschenmesser, Feldflasche, Notfallapotheke, Putzzeug, Geld, Ausweise", las Luisa vor und stutzte dann. „Beschlagswerkzeug wie Hufnägel, Hammer, Raspel?" Luisa rümpfte die Nase. „So was auch?" Dann blieb ihr Blick an einem gelb abgesetzten Abschnitt hängen. „Und hier steht was über die Unterkünfte. Die kosten natürlich auch was, ist ja klar."
Anna zuckte die Schultern. „Sicher. Aber ein Ferienlager würde ja auch Geld kosten."
Luisa schnippte mit den Fingern. „Unsere Eltern sind der springende Punkt. Glaubst du wirklich, dass sie uns das erlauben? Ich hör sie jetzt schon. Viel zu gefährlich! Zwei Mädchen allein! Da kann viel zu viel passieren!" Luisa leierte die Sätze herunter wie eine alte Drehorgel.
Anna ließ das Buch mit einem Knall zuschnappen. „Versuch macht kluch. Fragen wir sie doch einfach mal, bevor wir alles planen und dann doch nicht dürfen."

„Richtig, schließlich sind wir keine kleinen Kinder mehr und haben eine gute Ausbildung bei einer guten Reitlehrerin genossen."
Anna sprang auf. „Genau, wir schmieren meiner Mum so viel Honig ums Maul, dass sie gar nicht anders kann, als dem Wanderritt zuzustimmen."

Doch mit dem Honig, war das so eine Sache. Isabel war keineswegs empfänglich für das klebrige Zeug. Anna meinte, alles taktisch klug eingefädelt zu haben, als sie das Thema beim Abendessen zur Sprache brachte und ihrer Mutter zunächst erklärte, sie sei froh, dass Isabel ihr von klein auf das Reiten beigebracht hätte. „Ich fühle mich mit Fee auch im Gelände richtig sicher. Das wäre ja zu schade, wenn Luisa und ich die tollen Reitwege nicht nutzen könnten. Wirst du Fee und Zorro in den Ferien häufig in den Lektionen brauchen?"
Isabel, die gerade dabei war, Schnittlauch über ihr Tomatenbrot zu streuen, hielt mitten in der Bewegung inne. „Vielleicht ein- oder zweimal öfter als sonst wegen der Ferienreitkurse, warum fragst du? Du hast doch was im Sinn."

„Na ja“, begann Anna und sah Isabel von schräg unten an in der Hoffnung, sich bei ihrer Mutter mit einem gekonnten Treuer-Hund-Blick einschmeicheln zu können. „Luisa und ich, wir wollten in den Ferien was richtig Tolles machen. Das sagst du doch auch immer. Also, dass wir was Tolles machen sollen.“

„Anna, hättest du vielleicht die Güte, mir jetzt mal zu sagen, wo lang der Hase hoppeln soll?“, sagte Isabel und biss in ihre Tomatenschnitte.

„Wir wollen einen mehrtägigen Ausritt machen“, sagte Anna frei heraus. Den Begriff Wanderreiten benutzte sie bewusst nicht.

Isabel hätte sich beinahe an ihrem Marmeladebrot verschluckt und hielt sich nach Luft ringend die Serviette vor den Mund.

Rolf sah Anna mit ernstem Blick über den Rand seiner Brille hinweg an. „Ich hatte da gerade so atmosphärische Störungen in meiner akustischen Wahrnehmung. Ich habe doch tatsächlich was von einem mehrtägigen Ausritt verstanden.“

Isabel fing sich schließlich wieder, wenn auch ihre Gesichtsfarbe noch irgendwo zwischen Rot und Violett pendelte.

„Also, Anna, das kommt überhaupt nicht in die Tüte. Viel zu gefährlich! Zwei Mädchen allein! Da kann viel zu viel passieren!"

Anna wusste in diesem Moment nicht, ob sie lachen oder weinen sollte. Waren das nicht genau Luisas Worte gewesen, als sie die Erwachsenen nachgeäfft hatte? Die Altvorderen waren so durchschaubar!

Trotzig ließ Anna sich mit verschränkten Armen in ihren Stuhl sinken. „Das hätte ich mir ja denken können, dass ihr Spielverderber seid. Dabei …"

„Moment!", fiel Isabel ihr ins Wort. „Hast du da tatsächlich gerade Spielverderber gesagt? Mein liebes Fräulein, hast du vielleicht auch schon mal das Wort Verantwortung gehört? Dir ist klar, dass wir euch nicht einfach mir nichts, dir nichts auf so eine lange Tour schicken können, oder? Warum macht ihr nicht statt einer mehrtägigen Tour viele eintägige Ausritte im Mühlental, wie immer? Hier ist es doch schön und ihr kennt euch aus."

„Eben", erwiderte Anna patzig. „Wie immer. Wir möchten aber gern mal was anderes machen. Außerdem können wir inzwischen richtig gut reiten und unsere Ponys sind zuverlässig. Wofür bringst du uns das alles denn bei, wenn wir nichts dürfen?“ Anna holte tief Luft. „Außerdem: Wer spricht denn von mir nichts, dir nichts? Ist doch klar, dass wir so einen Ausritt sehr gründlich vorbereiten.“ Anna holte das Buch über das Wanderreiten unter dem Tisch hervor. „Hier, da steht alles drin.“

Jetzt rutschte Rolf die Brille auf die Nasenspitze. „Ich fress einen Besen, das ist ja mein altes Fachbuch!“ Er nahm Anna das Buch aus der Hand und blätterte darin herum.

„Hat schon ganz schön viele Jahre auf dem Buckel, aber es ist in der Tat ein sehr gutes Nachschlagewerk.“ Rolf fing an zu lachen, als er die Fotos sah.

„Ich finde das gar nicht lustig“, sagte Isabel und stellte ihren Becher mit einem Knall auf dem Tisch ab, sodass einige Tropfen Kaffee auf die Tischplatte spritzten. „Adelheid wird es Luisa sicher auch nicht erlauben. Also, schminkt euch das ab, klaro?“

Gerade wollte Anna zu einem Protest ansetzen, als Rolf ihr, ohne dass Isabel es sehen konnte, ein Zeichen gab. Es war besser, jetzt nicht weiter zu diskutieren.
Also schluckte Anna ihre Worte hinunter und strich sich extra viel Nussnougat-Creme aufs Brot, weil sie wusste, dass Isabel das gar nicht gern sah. Aber ihre Mutter sagte nichts dazu.

Als Anna den ersten Bissen schluckte, fühlte es sich an, als müsse sie einen Stein hinunterwürgen.
Ihr Bruder Robert grinste sie achselzuckend an.
Anna streckte ihm die Zunge raus. Der hatte gut reden. Er war drei Jahre älter als sie und er war ein Junge. Ihm erlaubten sie alles. Eltern konnten so ungerecht sein!
Nach dem Abendessen zog es Anna noch einmal in den Stall. Niemand konnte sie besser trösten als Fee.
Traurig schlang Anna ihrer Stute die Arme um den Hals und vergrub ihr Gesicht in der Mähne. „Das wird wohl nichts mit unserem Ritt“, flüsterte sie kaum hörbar. Dennoch schnaubte Fee leise, als wollte sie Anna sagen, dass sie sie verstanden hatte. Anna ließ die Hand über das weiche Fell gleiten und fühlte sich sofort getröstet.
„Na, bei dir auch Essig mit unserer Wild-West-Idee?“ Anna hatte Luisa gar nicht kommen hören. „Meine Mutter ist mal so gar nicht begeistert.“ Luisa schlüpfte zu Fee und Anna in die Box. „Und weißt du, was das Allerschärfste ist? Sie hat mir einen Flyer in die Hand gedrückt. Ferienprogramm der Gemeinde für Kinder und Jugendliche. Pft! Als ob wir nichts mit uns anzufangen wüssten. Mama kapiert mal wieder gar nichts.“

Anna seufzte. Eigentlich fand sie Adelheid schwer in Ordnung. Man konnte sie immer um Rat fragen und sie war selten genervt. Ganz im Gegensatz zu ihrer eigenen Mutter.
„Zuerst einmal brauchtet ihr ein Reitkennzeichen“, sagte plötzlich eine Stimme hinter ihnen.
Anna fuhr herum. „Papa. Hast du dich aus der Luft verstofflicht oder wo kommst du her?“
Rolf grinste. „Wenn du es genau wissen willst, dann fühle ich mich in der Tat im Moment so, als ob mein Körper nicht genau wüsste, für welchen Aggregatzustand er sich entscheiden soll, fest oder gasförmig. War ein verdammt anstrengender Tag heute.“
„Was hast du da gerade von einem Kennzeichen gefaselt?“, hakte Luisa nach.
Rolf fasste sich an den Mund. „Ups, klang das schon so, als hätte ich gefaselt? Ist mein Mund schon ausgefranst? Ich sag ja, es war ein anstrengender Tag.“
„Komm schon, Papa, was wolltest du uns sagen?“ Anna stapfte ungeduldig mit dem Fuß auf.
„Wenn ihr mit den Ponys ins Gelände wollt, dann braucht ihr ein Reitkennzeichen“, erklärte Rolf. „Das habt ihr doch in der Reitausbildung gelernt. Wir haben bisher darauf ver-

zichtet, weil ihr mit Fee und Zorro nur im Mühlental unterwegs wart, wo der Boden uns und den umliegenden Bauern gehört. Für die war das immer okay."

Anna zuckte die Schultern. „Aber wir dürfen ja eh nicht weiter weg. Also können wir uns das Geld für die Kennzeichen sparen."

Luisa grinste schräg. „Die Kohle können wir ja für die Teilnahme am Kinder-Ferien-Programm benutzen. Haha."

Rolf lächelte milde. „Lasst mal, ihr beiden. Da ist das letzte Wort noch nicht gesprochen."

Jetzt wurde Anna hellhörig. „Wie meinst du das? Dürfen wir etwa doch auf unseren Wanderritt?"

Rolf seufzte und lehnte sich gegen die Boxenwand. „So wie ihr euch das vorstellt sicher nicht. Da muss ich deiner Mutter recht geben. Ich glaube, da habt ihr einfach zu romantische Vorstellungen und müsst mal auf die erfahrenen Alten hören. Aber vielleicht kriegen wir eine abgespeckte Version hin, die vertretbar ist." Rolf gähnte herzhaft.

„Eine abgespeckte Version?", fragte Luisa. „Du meinst Wanderreiten light?"

Ein alter Hut aus Leder

Als die Ferien begannen und sich Annas Vater noch nicht wieder zu dem Wanderritt geäußert hatte, auch nach mehrmaligem Nachfragen nicht, stellten sich Anna und Luisa enttäuscht darauf ein, dass es bei ihren üblichen Ausritten durchs Mühlental bleiben würde.
„Ich kann euch echt nicht verstehen“, sagte Lara aus ihrer Klasse. „Wenn ihr wollt, könnt ihr jeden Tag mit euren Ponys unterwegs sein. Und da macht ihr ein Gesicht wie drei Tage Regenwetter?“
„Ich könnte mir auch Schlimmeres vorstellen“, pflichtete Niklas ihr bei. „Ich muss zum Beispiel eine Woche lang meinem Onkel in der Gärtnerei helfen. Ich krieg zwar Geld dafür, aber Lust hab ich darauf nicht.“
Ihre Klassenkameraden hatten natürlich recht. Das mussten Anna und Luisa zugeben. Aber dennoch.
„Selbst Robert unternimmt was Tolles“, maulte Anna auf dem Weg zurück zum Ponyhof.

„Ja?“ Luisa trat ein bisschen fester in die Pedale. Da, wo sonst ihr Magen war, war jetzt ein großes Loch, das möglichst schnell gefüllt werden musste. „Davon hast du mir ja noch gar nichts erzählt. Was macht er denn?“
„Er darf übers lange Wochenende an einem Band-Workshop in der Musikakademie an der holländischen Grenze teilnehmen. Der darf so was.“
Luisa zuckte die Schultern. „Na ja, das ist schon noch ein bisschen was anderes, findest du nicht?“
Aber davon wollte Anna nichts hören. Ungerecht war ungerecht.

Auch beim Mittagessen sollte jeder mitbekommen, wie schlecht gelaunt Anna war. „Bah, Linsensuppe, das ist jetzt echt mal nicht mein Lieblingsessen. Und dann auch noch mit Mettwurst. Mettwurst ist total eklig."

„Wir können ja schließlich nicht jeden Tag deine Leibspeise kochen", konterte Isabel mit genervtem Unterton. „Übrigens wär ich dir dankbar, wenn du nachher mal eben noch die Wäsche aufhängen würdest."

„Na toll!" Anna ließ den Löffel in den Teller fallen, sodass einige Tropfen Suppe auf die Tischplatte spritzten. „Die Ferien fangen ja gut an. Mal eben Wäsche aufhängen."

Isabel fixierte Anna mit strengem Blick. „Ja, mal eben. Ich mache das ständig mal eben. Und auch wenn Ferien sind, erledigt sich die Wäsche nicht von selbst."
Luisa, die heute wieder bei Annas Familie zu Mittag aß, schaute ganz verlegen zu Boden. Annas Auftreten war ihr peinlich.
„Übrigens schmeckt die Suppe ausgesprochen köstlich", sagte Rolf gelassen und wischte mit seiner Serviette die Spritzer fort.
„Anna, ich muss was mit dir besprechen. Komm gleich bitte mal rauf in mein Büro. Nachdem du die Wäsche aufgehängt hast, versteht sich."
Super, jetzt gibt es auch noch eine Standpauke, dachte Anna und tauchte ohne Appetit den Löffel in die Suppe. Wieder hatte sie das Gefühl, das Essen bilde einen steinharten Klumpen in ihrem Hals.
„Wäsche aufgehängt!", meldete Anna genervt, als sie wenig später lustlos in das Büro ihres Vaters geschlendert kam und sich in den Besuchersessel fallen ließ.
„Und es hat dich nicht umgebracht, wie ich sehe", stellte Rolf fest und fragte grinsend, ob sie ansonsten irgendwelche bleibenden Schäden davongetragen hätte. „Ist Luisa schon

wieder rüber gegangen? Sie hätte ruhig mitkommen können. Sie betrifft das genauso." Anna stutzte. Warum sollte Luisa sich von Rolf ebenfalls eine Standpauke abholen? Doch zu Annas Erstaunen bat Rolf sie, mit dem Sessel auf seine Seite des Schreibtisches herumzurutschen. „Ich will dir hier am Rechner was zeigen."

Rolf drehte den Bildschirm so, dass Anna gut mit darauf schauen konnte, und klickte dann eine Seite an, die er unter den Lesezeichen abgespeichert hatte. „Schau, es gibt im Münsterland mehrere neue Reitrouten. Eine davon streift das Mühlental." Er griff nach einem Flyer, der neben ihm auf dem Schreibtisch lag. „Ich habe gerade eine Info von der Gemeindeverwaltung bekommen."

Pferdeurlaub Münsterland, las Anna. „Dann kommt der Flyer ja wie abgesprochen", sagte Anna bitter. „Nur leider nützt er Luisa und mir gar nichts, denn wir dürfen das Mühlental ja nicht verlassen."

Rolf wandte sich seiner Tochter zu und sah ihr in die Augen. „Anna, mal ehrlich. Du musst doch zugeben, dass deine Vorstellung von einem Wanderritt nicht wirklich umzusetzen ist. Aber wie ich schon sagte, vielleicht kriegen wir eine abgespeckte Version hin."

„Wanderreiten light“, wiederholte Anna. „Du würdest uns dabei unterstützen?“

„Ja, schau hier.“ Rolf klickte einen Link an, und auf dem Bildschirm erschien eine Karte, auf der am Rande auch das Mühlental abgebildet war. „Hier ist unser Hof.“ Rolf fuhr mit dem Ende eines Bleistiftes eine rote Linie nach. „Und

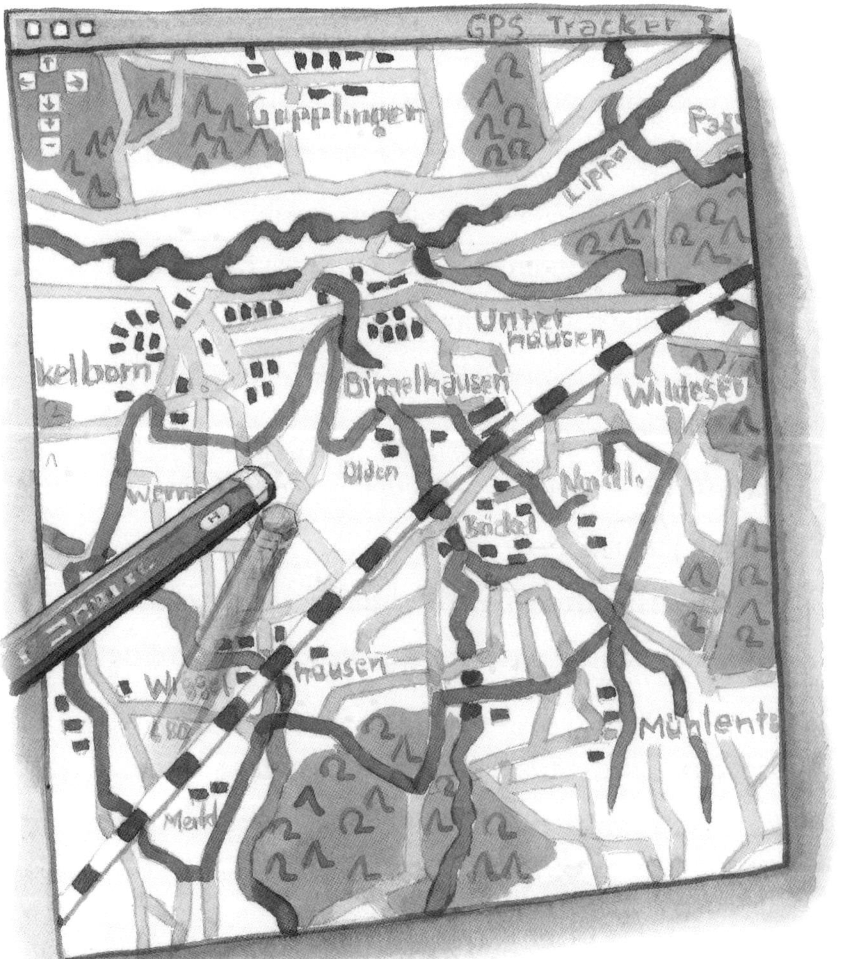

hier sind die neuen Reitwege, die rund um die Rottentaler Dörfer angelegt worden sind. Die braunen Hufeisen hier zeigen Höfe oder Gastwirtschaften an, wo man als Reiter übernachten kann."
Anna blinzelte, denn die Schrift war sehr klein und undeutlich. „Das sind ja eine ganze Menge. Hätte ich nie gedacht."
„Euch die gesamte Wegstrecke reiten zu lassen, wäre unverantwortlich. Aber ich habe mir gedacht, man könnte es riskieren, euch diese eine Schleife hier zurücklegen zu lassen. Ihr würdet an drei Tagen gut fünfzehn Kilometer reiten. Ich finde, das wäre mehr als genug ... für den Einstieg."
„Und am Ende kämen wir dann wieder hier an, wenn ich das richtig sehe." Anna starrte gebannt auf den Bildschirm.
Rolf nickte und tippte mit dem Stift auf den Monitor. „Diese beiden Bauern hier kenne ich ziemlich gut. Bei Lütke Stockhoff haben wir im letzten Jahr den Wallach gekauft. Erinnerst du dich?"
Natürlich erinnerte sich Anna daran, wie sie den jungen Donald von seinem Vorbesitzer abgeholt hatten. „Toller Hof. Und da kann man als Reiter übernachten?"
Rolf nickte. „Von dort bis zum Hof Feldkamp sind es noch einmal etwa fünfzehn Kilometer. Und von da könnt ihr auf

dieser Route zum Mühlental zurückreiten." Er zeigte auf eine der rot gestrichelten Linien. „Ich habe mit beiden schon telefoniert, in der nächsten Woche hätten sie ein Quartier für euch frei."

Anna sprang auf und fiel ihrem Vater um den Hals, sodass dessen Bürostuhl gefährlich weit nach hinten kippte. „Papa, du bist der Beste!"

Rolf hob abwehrend beide Hände. „Halt, halt, halt! So einfach ist das nicht. Davor hat der liebe Gott noch ein paar entscheidende Hindernisse gestellt. Drei, um, genau zu sein."

Anna ließ sich wieder in den Stuhl sinken. „Die Reitkennzeichen. Das hast du ja schon gesagt."

„Ja, das ist das eine." Rolf nickte. „Und ich möchte, dass ihr euch selbst darum kümmert, sozusagen um zu beweisen, dass ihr reif dafür seid, Verantwortung zu übernehmen."

„Okay, das kriegen wir hin", versprach Anna. „Und die anderen beiden Hindernisse?"

Rolf verschränkte die Arme vor der Brust. „Dreimal darfst du raten."

Anna seufzte. „Du meinst Isabel und Adelheid! Du hast also den Plan mit ihnen noch nicht besprochen?"

Rolf schüttelte den Kopf. „Die Nuss wird hart zu knacken sein, aber ich werde euch den Rücken stärken."

Die Unterstützung von Rolf hatten Anna und Luisa dringend nötig. Besonders Isabel erwies sich mit ihren Bedenken als hartnäckiger Fall. Doch schließlich willigte auch sie an, als Anna die Reitkennzeichen in der Hand hielt. Anna hatte mit einer netten Frau von der Kreisverwaltung telefoniert. Sie hatte ihr alles erklärt und Anna hatte die Kennzeichen persönlich bei der Verwaltung bezahlt und abgeholt. Dort erhielt sie auch ein Exemplar der Reitrouten-Karte.
„Na, wenn das nicht vorbildlich ist", sagte Rolf augenzwinkernd mit einer Komm-sei-doch-nicht-so-Stimme. „Die Mädchen machen das schon."
Isabel seufzte laut. „Aber jede Stunde rufst du einmal an, damit ich weiß, dass alles okay ist."
Anna verdrehte die Augen. „Dann können wir ja gleich eine Standleitung einrichten."
Doch Rolf erinnerte sie: „Kompromisse müssen sein."

Zwei Tage lang wurde alles besprochen und geplant, gepackt, wieder ausgepackt, noch einmal aussortiert und wieder neu eingepackt. Alles sollte wohlüberlegt sein, und unnötiger Ballast durfte nicht sein. Da Anna und Luisa keine Packtaschen für die Ponysättel besaßen, musste alles, was sie mitnehmen wollten, in zwei kleine Rucksäcke passen, die sie beim Reiten nicht behinderten.

Schließlich waren sowohl sie als auch ihre Eltern mit dem Ergebnis zufrieden.

Rolf ging mit den Mädchen die Route ganz genau durch. Er markierte auf dem Weg Gefahrenstellen, wo sie zum Beispiel eine Hauptverkehrsstraße überqueren mussten. „Und da“, Rolf tippte mit dem Ende seines Bleistiftes auf die Karte, „kommt ihr ziemlich nah am Zementwerk vorbei. Die Ponys sind zwar nicht schreckhaft, aber ihr müsst mit LKW-Verkehr rechnen.“

„Wir sind ja auf den Wirtschaftswegen“, erinnerte Luisa.

Doch Rolf lachte. „Ihr kennt doch die LKW-Fahrer. Wenn die eine Abkürzung kennen, fahren die auch über die Wirtschaftswege.“

Dann lag die Karte vor ihnen, alle möglichen Gefahrenquellen waren rot markiert, die beiden Höfe, auf denen sie übernachten wollten, grün.

Rolf faltete die Karte zusammen. „Wer nimmt die?“

„Ich!", rief Anna, sprang hoch und schnappte sie ihm aus der Hand. „Morgen geht's los! Ich bin schon ganz aufgeregt!"

„Ich auch", sagte Luisa und seufzte laut. „Ich werde bestimmt nicht schlafen können."

„Komm, gehen wir noch mal zu den Ponys", schlug Anna vor.

Die Sättel und die Zaumzeuge hatten Anna und Luisa gründlich geputzt und gefettet. Alles war bereit für den Aufbruch am nächsten Morgen. Der Wetterbericht verhieß milde Temperaturen für die nächsten Tage. Alle Vorzeichen waren perfekt.

„Die Ponys sind vollkommen relaxed", stellte Luisa zufrieden fest. Zorro fraß knurpsend sein Abendheu. „Ob sie sich anders verhalten würden, wenn sie wüssten, was wir vorhaben?"

Anna zuckte die Schultern. „Gute Frage. Ich würde sowieso gern manches Mal wissen, was in ihnen vorgeht."

Plötzlich klopfte Rolf an die Boxentür. „Hallo, ihr zwei, ich habe noch was vergessen. Na, aufgeregt?"

Anna nickte. „Ehrlich gesagt, ja. Ich habe mit einem Mal ein bisschen Respekt vor meinem eigenen Mut."

Rolf lachte. „Das gibt sich, wenn ihr losgeritten seid. Hier, ich hab noch was für dich."
Rolf hielt einen alten Cowboyhut aus Leder in der Hand.
„Dein alter Hut aus der Türkei!", rief Anna.

„Ja, ich dachte, der macht sich gut und verleiht dem ganzen ein gewisses Abenteuerflair.“

Anna freute sich. „Na, gib schon her. Der ist zum Glück so groß, dass er über die Reitkappe passt. Wenn es regnet zum Beispiel.“

Luisa hielt sich die Hand vor den Mund. „Pft! Das sieht dann aber albern aus, findest du nicht?“

Anna nickte. „Deshalb werde ich ihn auch ganz cool und lässig am Rucksack hängen lassen.“

Rolf machte ein Gesicht, als hätte er in eine Zitrone gebissen. „Hoffen wir mal, dass du damit nicht in den Regen kommst.“ Damit wandte er sich zum Gehen.

„Wie meint er das?“, wollte Luisa wissen, aber Anna zuckte nur die Schultern.

Am Tor drehte Rolf sich noch mal um. „Ach, bevor ich es vergesse ... Ich wollte euch sagen, dass Emma morgen auf den Mühlental-Hof zurückkehrt.“

„Emma kommt morgen zurück?“, riefen Luisa und Anna wie aus einem Mund.

Anna spürte, wie ihr das Blut ins Gesicht schoss. „Ausgerechnet morgen? Aber ...“

Rolf war verdutzt. „Ich dachte, ihr freut euch.“

Anna wusste nicht, was sie sagen sollte. Die Gefühle fuhren in ihr Slalom. Natürlich freute sie sich, dass das Fohlen, das sie vor gut einem halben Jahr auf einen anderen Hof zu einer Ammenstute hatten geben müssen, nun ins Mühlental heimkehren sollte. „Aber ich wäre so gern dabei, wenn sie hier eintrifft. Ich möchte sehen, wie sie von den anderen Pferden aufgenommen wird und …"

Rolf schaute Anna an. „Wenn dir das wichtiger ist, dann müsst ihr euren Ausritt eben canceln und hierbleiben. Beides geht nicht. Es ist, wie es ist."

Damit ließ er die Mädchen im Stall zurück.

Schon wieder hatte Anna dieses Kloßgefühl im Hals.

Die Hexe

Dichter Dunst klebte wie feine Zuckerwatte über dem Mühlental, als Anna und Luisa sich am nächsten Morgen mit Fee und Zorro auf den Weg machten. Beide hatten vor lauter Aufregung in der Nacht kaum ein Auge zugetan, dennoch fühlten sie sich fit.

„Das kommt vom Adrenalin", hatte Annas Bruder Robert festgestellt, der ausnahmsweise mal früh auf den Beinen war.

Anna zog den Reißverschluss ihrer Fleece-Jacke, die sie unter ihrer Multi-Funktionsweste trug, bis obenhin zu und winkte ihren Eltern zum Abschied zu.

Isabel, Rolf und Robert standen am Hoftor und winkten ebenfalls, als Anna sich ein letztes Mal im Sattel umdrehte. Isabel rief ihnen noch einmal hinterher, nicht zu vergessen, regelmäßig anzurufen.

„Jaja", kicherte Anna und konnte es plötzlich gar nicht glauben, dass sie tatsächlich mit den Ponys allein unterwegs waren. Drei Tage nur wir vier, dachte sie. Nur Luisa und ich und unsere Ponys. Jetzt sind wir für uns selbst verantwortlich.

Schweigend ritten die beiden Freundinnen eine Weile nebeneinander her und hingen ihren Gedanken nach. Als sie den grasbewachsenen Feldweg einschlugen, der sie aus dem Mühlental hinaus auf die Reitroute bringen würde, und Anna die ersten warmen Sonnenstrahlen auf ihrer Haut spürte, stellte sich bei ihr mit einem Mal ein überwältigendes Gefühl der Freiheit ein.

Rupf-Stapf, Rupf-Stapf, klang es, als die kleinen, festen Pony-Hufe durch das Gras strichen. Vor den Mäulern der Ponys standen Atemnebelwolken und an den Zaumzeugen leuchteten hellgelb die neuen Reitkennzeichen.

Ein Stück mussten sie an der Straße entlangreiten, doch zum Glück war dort vor Kurzem ein neuer Radweg angelegt worden.

Anna zog die Reit-Wander-Karte aus der Westentasche und deutete auf einen Parkplatz auf der anderen Straßenseite. „Dahinten bei der Waldschänke müssen wir rüber, und dann sollte das Wegkennzeichen schon zu sehen sein."
Sie mussten eine ganze Weile warten, bis es sicher genug war, die Straße zu queren.
Und tatsächlich. Direkt hinter der Gaststätte war deutlich sichtbar das weiße, rautenförmige Schild angebracht, auf dem das Piktogramm eines Reiters zu sehen war sowie das Gemeindewappen der Rottentaler Dörfer.
„Hier sind wir richtig", stellte Luisa fest und hielt Anna die Hand hin.
Anna schlug ein. „Auf geht's!" Übermütig drückte sie Fee die Fersen in die Flanken, um ein Stück zu traben.
„He, wartet auf uns!", rief Luisa lachend und trieb auch Zorro zum Trab an. „Wenn wir in dem Tempo weiterreiten, sind wir viel zu früh an unserer ersten Station."
Anna parierte Fee durch. „Hast recht. Außerdem sollen die Ponys ja auch nicht erschöpft ankommen."
„Pft!", machte Luisa. „Als ob den beiden ein kleiner Trab oder Galopp etwas ausmachen würde. Aber wenn man langsam reitet, kann man die Natur viel mehr genießen."

„Absolut richtig“, bestätigte Anna. „Es ist wirklich schön hier.“

Der Weg führte sie durch ein großes Waldgebiet. Der Untergrund bestand aus planiertem, feinem Schotter, den sich der Waldboden langsam, aber sicher zurückeroberte, sodass kaum mit Stolperfallen zu rechnen war. Außer dem rhythmischen Stapfen der Hufe und dem Schnauben der Ponys waren verschiedenste Vogelstimmen zu hören. Einige davon aufgeregt schimpfend.

Das typische Keckern eines Fasans ließ auch nicht lange auf sich warten und das Rascheln am Wegesrand stammte von Mäusen und anderem Kleingetier. Sogar ein Frosch hüpfte direkt vor ihnen über den Weg.

Doch alle Geräusche klangen seltsam gedämpft, denn noch immer lag gespenstischer Dunst in der Luft. Hier im Wald wurde er nicht so schnell von den Sonnenstrahlen vertrieben. Da tat es gut, den Rücken des Ponys unter sich zu spüren und die gleichmäßigen Bewegungen.

Dennoch begann Anna bereits unter ihrer Reitkappe zu schwitzen und auch unter dem Rucksack spürte sie die Feuchtigkeit über den Rücken kriechen. Aber das war ihr egal. Sie wollte diese Tour einfach nur genießen.

Plötzlich horchte Luisa auf. „Was ist das denn für ein Geräusch?"
Anna parierte Fee durch. „Irgendeine Maschine von einem Waldarbeiter vielleicht?"
Luisa zuckte die Schultern. „Hört sich eigentlich nicht so an, ist ja eher wie ein Sirren."
Auch die Ponys schienen das Geräusch nicht angenehm zu finden. Die hohen Frequenzen ließen sie ihre Ohren vor und zurück drehen und Zorro begann leicht zu tänzeln.
Mit einem Mal löste sich direkt vor ihnen eine Silhouette aus dem Nebel. Anna und Luisa blinzelten. Sie brauchten eine Weile, um zu erkennen, dass da jemand mit einem Krankenfahrstuhl über den Waldweg gefahren kam.
„Ach so, ein Elektromobil", stellte Luisa fest und setzte Zorro wieder in Bewegung.
„Ja, eine ältere Frau sitzt drauf", erwiderte Anna. „Die legt aber ein ganz schönes Tempo vor, die Gute."
Luisa lächelte unsicher, als das Gefährt näher kam. „Die brettert vielleicht durch den Wald", zischte sie Anna zu und lenkte Zorro weit an die linke Seite, als sie sah, dass die alte Frau keine Anstalten machte, zur Seite zu fahren. Sie kam ihnen in hohem Tempo mitten auf dem Weg entgegen.

„Vielleicht kriegt die das nicht mehr so richtig auf die Reihe“, fauchte Anna zurück und lenkte Fee weit nach rechts, damit die Frau ungehindert zwischen ihnen hindurchfahren konnte.

Die Ponys nahmen es gelassen und trotteten brav über den weichen Boden am Wegrand, als die Mädchen plötzlich fürchterlich erschraken.
Denn in dem Moment, als das Elektrofahrzeug auf Höhe der Ponys war, riss die Alte einen Gehstock hoch und hielt damit schimpfend auf Luisa zu.
Im letzten Moment konnte Luisa den Stock mit dem Arm abwehren. Zorro wich instinktiv zurück. „He, was soll das!“, brüllte Luisa und rutschte gefährlich zur Seite. Aufgeschreckt machte Zorro einen Satz und glitt mit der Hinterhand auf dem weichen Waldboden aus. Luisa konnte sich mit Mühe im Sattel halten.
Die alte Frau war ein paar Meter weitergefahren und dann stehen geblieben. Erneut hob sie drohend den Gehstock in die Luft. „Die Wege kaputt machen mit euren Zossen, das könnt ihr!“, keifte sie, und Anna beobachtete mit Sorge, dass sie dabei war, ihr Elektromobil zu wenden.
Nichts wie weg hier!, schoss es Anna durch den Kopf. Reflexartig gab sie Fee die Hilfen und winkte Luisa auffordernd zu. „Los, komm!“
„Alles in Ordnung mit dir?“, fragte Anna außer Atem, als sie auf sicherer Distanz zu der alten Frau waren.

Luisa nickte, rieb sich aber den rechten Unterarm, mit dem sie den Stock abgewehrt hatte. „Ja, so weit. Das gibt bestimmt einen blauen Fleck. Aber sag mal, was war das denn gerade?“

„Eine unheimlich Begegnung der dritten Art, wenn du mich fragst“, erwiderte Anna. Aus den Augenwinkeln behielt sie die alte Frau im Blick. „Die ist ja gemcingefährlich. Achtung, die scheint wieder unsere Verfolgung aufnehmen zu wollen. Sehen wir zu, dass wir weiterkommen.“

Den Blick starr geradeaus gerichtet ließen sie ihre Ponys in festem Takt über den Waldweg traben, und erst als sie außer Reichweite waren, parierten sie ihre Ponys durch.

„Das soll mal einer verstehen“, sagte Anna nachdenklich und tätschelte Fee den Hals. „Da geht die Alte einfach mit ihrem Stock auf dich los.“

„Tja, schließlich machen wir die Wege kaputt“, sagte Luisa bitter lächelnd. „Du hast es doch gehört.“

Eine Weile ritten Luisa und Anna schweigend weiter, langsam beruhigte sich ihr Herzschlag.

Da parierte Luisa Zorro auf einmal durch. „Sind wir überhaupt noch auf dem richtigen Weg? Ich hab eine ganze Weile schon kein Zeichen mehr gesehen.“

Anna spürte, wie ihr das Blut ins Gesicht schoss. Darauf hatte sie vor lauter Aufregung gar nicht mehr geachtet. Sie hatte einfach nur von der alten Frau weggewollt. Schnell drehte sie sich im Sattel um und spähte zurück. „Du hast recht. Das ist mir voll durch die Lappen gegangen. Lass uns noch etwas weiterreiten, wenn wir dann keins finden, bleibt uns nichts anderes übrig, als umzudrehen."

Als nach fünf Minuten noch immer kein Zeichen in Sicht kam, das den Reitweg markierte, wurde ihnen klar, dass sie tatsächlich den Weg verlassen haben mussten.

„Da vorn gabelt sich der Pfad", stellte Luisa fest. „Da sind alle möglichen Wanderzeichen, aber nicht das vom Reitweg. Spätestens da hätte aber eins sein müssen. Schau doch einfach mal auf die Karte."

Anna griff in ihre Westentasche und spürte schon wieder den Pulsschlag bis in die Schläfen. „Mist, die ist weg!"

„Wie, weg?"

„Na, weg eben!", antwortete Anna heftiger, als sie es eigentlich wollte.

Luisa wendete Zorro und blickte angestrengt den Waldweg entlang. So romantisch ihr der Morgennebel eben noch erschienen war, so sehr verfluchte sie ihn jetzt, denn man konnte nur ein paar Meter weit gucken. „Bestimmt ist sie dir vorhin bei der Attacke von diesem Waldwesen aus der Tasche gerutscht. Ich sag es nur ungern, aber es bleibt uns wohl nichts anderes übrig, als an den Tatort zurückzureiten."

Anna sackte in sich zusammen. „Oh Mann, das geht ja gut los mit unserem Ausritt." Traurig ließ sie den Kopf hängen.

Luisa lenkte Zorro ein wenig näher an ihre Freundin heran und boxte sie kameradschaftlich gegen die Schulter. „Willst du nun ein Abenteuer erleben oder nicht?"

Anna rang sich ein Lächeln ab und wendete Fee ebenfalls. „Verflucht, wo ist das Teil denn?", schimpfte sie, als sie bereits bis zu dem Punkt zurückgeritten waren, an dem ihnen die alte Frau begegnet war, die jetzt zum Glück nicht mehr da war. Ihre Unruhe übertrug sich auf Fee, die nervös zu tänzeln begann. „Auch das noch. Wenn die jetzt weg ist!"

Doch Luisa entdeckte sie. Die Karte lag neben dem Weg im Matsch und war kaum mehr als Karte zu erkennen. Die Frau musste mit ihrem Elektrowagen darübergefahren sein. Anna saß ab und fischte sie mit spitzen Fingern aus dem Schlamm.

„Sieh es positiv“, sagte Luisa. „Die Alte hätte die Karte auch als Geisel nehmen können.“
Jetzt musste Anna lachen. Sie wischte die Karte sauber, so gut es ging, und stieg wieder in den Sattel. „Und jetzt atmen wir beide drei Mal kräftig durch und packen es neu an.“
Luisa nickte. „Du weißt doch, es wendet sich immer alles zum Guten.“
„Hoffen wir es“, antwortete Anna und pustete kräftig Luft aus den Wangen. „Irgendwie spüre ich nämlich so ein Kribbeln in den Zehenspitzen.“
Luisa warf lachend den Kopf in den Nacken. „Dann solltest du vielleicht einfach mal die Ameisen aus den Reitstiefeln lassen!“

Ene, mene, muh!

Diesmal passten Anna und Luisa besser auf, dass sie auf dem Reitwanderweg blieben. Nachdem sie den Wald verlassen und die Bahnlinie durch einen Tunnel unterquert hatten, führte der Weg sie durch scheinbar nicht enden wollende Fluchten von Feldern und Weiden, auf denen braunbunte Kühe grasten. Die Frühlingssonne hatte endlich genug Kraft, den Dunst aufzulösen, und vereinzelt tanzten Feldlerchen in der Luft. Gegen Mittag hatten sie einen leer stehenden Bahnhof an der stillgelegten Bahnlinie erreicht. Hier gab es einen Rastplatz mit Tisch und Bänken aus Holz am Rande einer größeren Grünfläche.
„Zeit für ein Päuschen, was meinst du?" Anna stützte sich im Sattel ab. „Wenn ich ehrlich bin, dann fänd ich es schön, den Rucksack mal abzusetzen."
Luisa schwang sich aus dem Sattel und lockerte den Sattelgurt. „Ich glaube, die Ponys sind auch froh, wenn wir mal ihren Rücken entlasten."

Während Luisa den kleinen Imbiss aus dem Rucksack holte, den sie von zu Hause mitgenommen hatten, breitete Anna die Karte auf dem Tisch aus.
Sie fuhr mit dem Zeigefinger langsam die rote Linie nach, um zu schauen, wie viel des Weges sie nun schon zurückgelegt hatten. Die Hauptstraße, die Rolf als möglichen Gefahrenpunkt markiert hatte, hatten sie zum Glück bereits passiert.
Anna nahm ihren Kugelschreiber aus ihrer Westentasche und fügte eine weitere Markierung hinzu.
„Was soll das denn darstellen?“, wollte Luisa wissen und verdrehte den Kopf, um das kleine Symbol besser erkennen zu können.

„Na, einen Totenkopf!“, rief Anna lachend. „Das ist die Stelle, an der uns die Oma mit dem Gehstock begegnet ist. Hoffen wir mal, dass auf unserem Weg nicht noch mehr von der Sorte auftauchen. Nicht, dass es hier irgendwo ein Nest von so Verrückten gibt.“

Luisa tippte auf einen umrahmten Kasten am Rand der Karte. „Nehmt aufeinander Rücksicht“, las sie laut vor. Unter dem Spruch waren die Piktogramme für einen Trecker, einen Wanderer, einen Reiter und einen Radfahrer abgebildet. „Fehlt noch der Krankenfahrstuhl.“

Genüsslich streckte Anna die Beine aus, verschränkte die Arme hinter dem Kopf und betrachtete die Ponys. „Ja, so hab ich mir das vorgestellt. Ist das nicht toll?“

Gerade als Anna die Augen schloss und das Gesicht der Sonne entgegenstreckte, klingelte ihr Handy.
„Mist!“, fluchte sie. „Das ist bestimmt Isabel. Den stündlichen Kontrollanruf habe ich total vergessen! Wie doof!“
Nervös fischte sie das Handy aus der oberen Westentasche.
„Hallo, Mama? Das ist ja ein Zufall, ich wollte dich gerade anrufen, um dir Bescheid zu sagen, dass es uns gut geht“, trällerte sie gespielt fröhlich und dachte nicht im Traum daran, ihrer Mutter etwas von der Begegnung mit der alten Frau und deren Folgen zu erzählen.
Sogar Luisa hörte Isabels Stimme laut und deutlich durch den Hörer. Annas Mutter klang etwas aufgebracht.
„Ja, Mama, das kommt nicht wieder vor“, antwortete Anna. „Wo wir gerade sind?“ Sie beugte sich über die Karte. „Das nennt sich hier Auperts Büschchen. Wir machen gerade ein kleines Picknick. Ja, ich melde mich wieder. Versprochen. Und Emma? Hm, verstehe.“
„Was ist mit Emma?“, wollte Luisa wissen, sobald Anna aufgelegt hatte.
„Sie ist noch nicht da“, erklärte Anna. „Keine Ahnung. Auf jeden Fall war das blöd, dass ich vergessen habe, zu Hause anzurufen.“

Luisa schob Anna die Plastikdose mit den belegten Broten hin. „Ich werde ab jetzt mit dran denken. Ich sag dir, von nun an wird unsere Tour nur noch super!"
Ich hoffe es so sehr, dachte Anna, denn so richtig wollte sich das Alles-ist-toll-Gefühl nicht einstellen.
„Hey", flüsterte Luisa ihr plötzlich zu und deutete auf einen dunkelgrünen Geländewagen, der in einiger Entfernung langsam den Wirtschaftsweg auf und ab fuhr. Luisa beugte sich über den Tisch. „Werden wir beobachtet?"
Anna hörte auf zu kauen und sah zu dem Auto hinüber.
„Schau da nicht so auffällig rüber!", zischte Luisa.
„Wieso nicht?", erwiderte Anna. „Wenn der Knilch uns anglotzt, dann glotzen wir zurück. Ups, ich glaube, der kommt zu uns."
Den beiden stockte der Atem, als der Wagen in ihrer Nähe hielt. Mit einem leisen Surren glitt die Scheibe der Fahrertür hinunter und ein rotgesichtiger Mann mit grimmigem Blick reckte seinen Kopf hinaus.
Jetzt wurden auch die Ponys aufmerksam und hoben die Mäuler aus dem Gras.
„Die Pferde müssen hier weg. Auf der Fläche wird morgen Heu gemacht", knurrte der Mann.

Anna verstand im ersten Moment nicht, was der Mann von ihnen wollte. Schnell stand sie auf und trat einen Schritt auf den Wagen zu. „Entschuldigung?“

„Die Ponys ...“, der Mann fuchtelte mit der Hand in der Luft herum, „das sind doch eure? Runter von der Grünfläche. Die trampeln alles platt. Da wird morgen geheut.“ Er schloss die Scheibe wieder, wendete den Wagen und brauste davon.

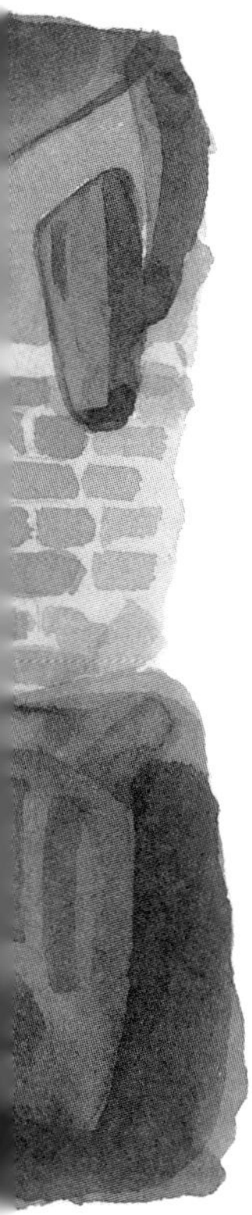

Anna spürte, wie sich ihr die Kehle zuschnürte. „Also, das ist doch …“

„So ein Blödhammel“, fauchte Luisa. Sie stand auf und begann, die Sachen zusammenzupacken. „Hält es nicht mal für nötig, Guten Tag zu sagen. Ein bisschen Freundlichkeit würde dem nicht schaden. Los, hauen wir ab. Vielleicht finden wir ein Plätzchen, wo man uns und unsere Ponys duldet.“

Anna fühlte sich plötzlich wie leer. Sie ärgerte sich über sich selbst. Warum hatte sie dem Mann gegenüber nicht selbstbewusster auftreten können? Sie hasste es, wenn Menschen sich so respektlos benahmen. Ihre Augen fingen an zu brennen. Jetzt nur nicht weinen, sagte sie zu sich selbst und schlang Fee die Arme um den Hals. Doch sie konnte die Tränen nicht zurückhalten. „Komm, meine Schöne, wir brechen auf, die wollen uns hier nicht“, flüsterte sie der Stute ins Ohr.

Erst die Oma mit dem Gehstock, dann waren sie vom Weg abgekommen und hatten die Karte verloren, und nun der Mann mit dem Seppelhut. Ihren Ausritt hatte Anna sich wirklich anders vorgestellt.

„Oh, schau mal da drüben!“ Luisa zeigte zum Feld, wo eine Gruppe von fünf Rehen am Waldesrand graste.
Auf Annas Gesicht stahl sich eine Lächeln und ihre Laune besserte sich schlagartig. Sie beschloss, sich von so doofen Holzköpfen wie der alten Frau und dem Bauern nicht noch mal den Tag vermiesen zu lassen.
Luisa tätschelte Anna den Arm. „Na, siehst du, geht doch.“
Anna seufzte laut. „Wenn wir jetzt direkt weiterreiten, sind wir viel zu früh an unserem Ziel für heute. Lass uns doch gleich noch mal irgendwo einen kurzen Stopp einlegen“, schlug sie vor. „Ich hab meine Stulle noch nicht mal halb aufgegessen.“
„Aye, Aye“, sagte Luisa. „Wir finden schon noch ein lauschiges Plätzchen.“ Sie hob ihren Blick und stutzte. „Oje, der Stinkstiefel ist ja immer noch da!“
Am Anfang des Waldwegs parkte ein grüner Geländewagen.
„Ist das denn überhaupt derselbe wie vorhin?“, fragte Anna.
„Sollen wir lieber umdrehen und einen anderen Weg nehmen?“ Luisa hatte mit einem Mal ein mulmiges Gefühl in der Magengegend.

In diesem Moment wurde die Wagentür geöffnet und ein Mann in grüner Kluft stieg aus. Er schulterte ein Jagdgewehr und kam auf sie zu.
„Ach, nur der Förster“, stellte Luisa beruhigt fest. „Diese Autos gibt es hier wohl irgendwo umsonst.“
Der Förster lüpfte grüßend den Hut und bat sie dann zu ihrer Verwunderung, einen Moment stehen zu bleiben.
„Ein gültiges Reitkennzeichen habt ihr ja, wie ich sehe“, sagte er im Oberlehrerton. „Auch vorschriftsmäßig angebracht? Jawohl. Ich gehe davon aus, dass ihr mit den Verhaltensregeln auf den Reitwegen vertraut seid? Ihr wisst ja, dass ihr auf den Reitwegen zu bleiben habt.“
Luisa und Anna verschlug es die Sprache. Beide antworteten nur mit einem Nicken und hofften, der Mann würde sie nun nicht wie in der Schule über die Regeln ausfragen. Sie waren so perplex, dass sie mit Sicherheit die falschen Antworten gegeben hätten.
„Na, dann guten Weg“, wünschte er ihnen und gab Fee einen Klaps. „Und immer schön Rücksicht nehmen!“
Und wer nimmt auf uns Rücksicht?, dachte Anna.
„Grrr“, knurrte Luisa, als der Mann außer Hörweite war. „Ich weiß gar nicht, warum mich solche Menschen immer

so einschüchtern. Bloß weil der diese doofe Förster-Kluft trägt …"

„War das überhaupt eine Förster-Kluft?", hakte Anna nach. „Ich meine, hast du auf irgendein Abzeichen oder so was geachtet?"

Luisa schüttelte den Kopf. „Ehrlich gesagt, nein."

„Pah!", machte Anna. „Vielleicht war das einfach nur ein stinknormaler Jagdpächter, der gar nicht berechtigt war, uns zu kontrollieren. Vielleicht wollte der nur mal den Obermacker raushängen lassen."

„Ihr wisst ja, dass ihr auf den Reitwegen zu bleiben habt“, äffte Luisa den Mann nach und warf sich in die Brust. „Ich habe eine Uniform an, ich habe was zu sagen! Hugh!“
Anna musste lachen und Fee stapfte mit dem Huf auf und schüttelte die Mähne.
Anna und Luisa führten die Ponys zu einem nahe gelegenen Flüsschen. Während sich Fee und Zorro die Fesseln kühlten, hockten sich die beiden an der Böschung ins Gras, aßen ihre Brote und riefen bei Isabel an.

Doch mit der Ruhe war es nicht weit her. Ein Schwarm lästiger Insekten ging ihnen auf die Nerven, sodass sie sich schon nach kurzer Zeit wieder auf den Weg machten.
Am Nachmittag näherten sie sich schließlich dem Hof von Lütke Stockhoff. Anna erkannte ihn sofort wieder. Die gepflegten Gebäude waren in U-Form angelegt und lagen geschützt in einer Senke.
Anna griff nach dem alten Lederhut, der an ihrem Rucksack befestigt war, und musste an ihren Vater denken. Und plötzlich bekam sie Heimweh.

Emma

„Ach, ihr seid das." Die junge Frau, die sie auf dem Hof von Lütke Stockhoff in Empfang nahm, sah gestresst und müde aus und wischte sich mit dem Handrücken über die Stirn.

Seltsame Begrüßung, dachte Anna und beobachtete einen mittelgroßen Mischlingshund, der den Ponys aufgeregt um die Beine schnüffelte.

„Na, dann kommt mal mit", sagte die Frau und rang sich auch ein Lächeln ab. „Ich bin übrigens die Ellis."

„Ich bin Anna und das ist Luisa." Sie saßen ab und führten die Ponys hinter Ellis her.

„Hexe, lass das!", herrschte die Frau den Hund an, der sich davon aber in keiner Weise beeindrucken ließ.

„Die zweite Hexe heute", sagte Luisa amüsiert.

„Die zweite Hexe?", fragte Ellis.

Luisa erzählte ihr von der Begegnung mit der alten Frau.

Ellis blieb stehen und stemmte die Hände in die Seiten.

„Dann ist sie aber weit gefahren mit ihrem ‚Porsche‘.“

„Sie kennen die Frau?“, fragte Anna erstaunt.

Ellis zog eine Grimasse und tippte sich an die Stirn. „Die kennt hier jeder. Bei der stimmt was nicht im Oberstübchen. Rasselbeck heißt die. Macht alle Leute verrückt. Ihr müsstet die mal mit ihrem Porsche durch den Supermarkt heizen sehen. Da springen alle zwischen die Regale, um nicht umgenietet zu werden.“ Anna sah Luisa grinsend an.

„Ja, und passt auf unsere Hexe auf.“ Die junge Frau fuchtelte mit der Hand in der Luft herum. „Die hat ein Talent, den Leuten vor die Füße zu rennen. Ihr wärt nicht die Ersten, die über sie stolpern.“

Anna winkte ab. „Keine Sorge. Das kennen wir. Wir haben einen Kater mit derselben Begabung.“

„So, ich zeig euch jetzt mal, wo ihr die Ponys versorgen und unterstellen könnt.“ Ellis öffnete ein verzinktes Tor und ließ Anna und Luisa mit ihren Ponys in einen Paddock, der an die Rückseite eines Stalles angrenzte.

„Ihr könnt sie gleich ein bisschen auf die Weide lassen und wenn ihr in den Stall geht, findet ihr gleich auf der rechten Seite zwei freie Boxen. Die Sattelkammer ist weiter hinten links. Ich muss jetzt los. Also, bis später.“

Noch ehe Anna und Luisa irgendwelche Fragen stellen konnten, war Ellis schon verschwunden.

Anna zuckte die Schultern. „Auf geht's. Versorgen wir erst mal die Ponys. Wo wir heute Nacht bleiben, werden wir dann schon sehen."

Anna und Luisa befreiten die Ponys von den Sätteln, verstauten diese in der Sattelkammer und gönnten Fee und Zorro eine ausgiebige Bürstenmassage. Natürlich ernteten die Ponys viel Lob für ihr Durchhaltevermögen und ihr gutes Benehmen.

Und nachdem auch die Hufe ausgekratzt und die Mähnen gekämmt waren, zauberten Anna und Luisa zwei Karotten aus ihren Rucksäcken hervor.

„Simsalabim, lasst es euch schmecken!" Anna lachte und öffnete dann das Gatter zur Weide.

Schließlich hockte sie sich neben Luisa auf den oberen Zaunbalken und schaute Fee und Zorro beim Grasen zu. Das Fell der Ponys glänzte in der nun schon tief stehenden Sonne dunkler als sonst. Etwas weiter entfernt weideten ein paar Pferde des Stockhoffschen Hofes. Sie hoben die Köpfe und wieherten freudig, als sie die Neuankömmlinge bemerkten.

Luisa stieß Anna den Ellenbogen in die Seite. „Höchste Zeit, dass du Isabel Bescheid gibst, dass wir heil angekommen sind."

Anna seufzte. Das hatte sie vergessen. Oder hatte sie es verdrängt? Zögernd wog sie das Handy in der linken Hand. „Ich schreibe eine SMS, das müsste reichen." Dann tippte sie kurzerhand in ihr Handy: Sind da. Alles easy. Melde mich später.

Anna begann zu frösteln. „Schöner Hof hier, nicht wahr?"
„Hm", antwortete Luisa einsilbig.
„Und was machen wir jetzt?"
Luisa zuckte die Schultern. „Keine Ahnung. Darum hab ich mir vorher gar keine Gedanken gemacht. Du?"
Anna schüttelte den Kopf und hüpfte vom Zaun. „Schauen wir uns mal ein bisschen um. Was meinst du?"
„Vielleicht kriegen war dann raus, wo wir heute Nacht unterkommen", meinte Luisa. „Außerdem werden wir doch wohl noch was zu essen bekommen, oder?"
Anna seufzte. „Davon gehe ich aus."
Doch Anna und Luisa begegneten auf dem Hof keiner Menschenseele, nicht mal die Hündin Hexe ließ sich blicken.
Und mit einem Mal fühlte Anna sich allein und fehl am Platz, sie sagte aber nichts. Luisa wirkte auch nicht gerade glücklich.
Plötzlich schrillte das Handy, und Anna erschrak so sehr, dass ihr das Herz bis zum Hals schlug.
Sobald sie das Gespräch angenommen hatte, plapperte Isabel munter drauflos. „Hallo, Anna, schön, dass ihr gut angekommen seid. Da bin ich wirklich erleichtert. Ich ruf

an, weil ich gleich keine Zeit mehr habe zu quatschen. Weißt du, Emma ist jetzt endlich da und hält uns ganz schön auf Trab. Du müsstest sie sehen, die Kleine. Hat sich prächtig entwickelt und nun strotzt sie vor Energie und will uns zeigen, wo der Hammer hängt. Das wird noch ein Spaß heute Abend. Also, habt eine schöne Zeit. Wir hören dann morgen wieder voneinander. Grüß Luisa von mir!"

Und dann hatte sie auch schon wieder aufgelegt.

Emma. Wie gern wäre Anna bei ihrer Ankunft da gewesen. Wie gern würde sie jetzt dabei zugucken, wie die kleine Stute auf dem Mühlental-Hof versuchte, ihren Platz zu finden. Wie gern würde sie Emma helfen, die erste Nacht in fremder Umgebung zu überstehen.

Heimweh überkam sie, obwohl der Mühlental-Hof keine zwanzig Kilometer weit entfernt war.

„Viele Grüße von Isabel", sagte Anna leise und musste schlucken. Doch der Kloß in ihrem Hals blieb. „Emma geht es gut."

„Schön." Luisa strich sich eine Haarsträhne aus dem Gesicht. „Weißt du, was ich seltsam finde?", sagte sie dann. „Ich glaube, wir sind die einzigen Gäste hier. Komisch, oder?"

Anna nickte. „Na ja, diese Reitrouten sind ganz neu. Das muss sich erst mal rumsprechen und so."

„Aber trotzdem." Luisa rümpfte die Nase und wich Annas Blick aus. „Ich komme mir hier ein bisschen fehl am Platz vor."

Damit hatte Luisa genau das ausgesprochen, was Anna empfand. Aber sie sagte nichts. Schließlich hatte Anna diese Tour unbedingt machen wollen. Jetzt war es wohl an ihr, Luisa bei Laune zu halten, auch wenn sie sich selbst nicht besonders gut fühlte. Einzig der Gedanke, dass ihre Ponys bei ihnen waren, tröstete Anna. Dennoch ...

„Komm, schauen wir mal, wo wir unsere Rucksäcke hinbringen können", sagte sie, so fröhlich sie konnte. „Irgendwo werden wir ja unser Nachtlager aufschlagen müssen, und dann gibt es bestimmt Abendbrot." Anna hoffte, dass Luisa nicht merkte, wie ihr zumute war.

Sie wollten gerade zum Haupthaus gehen, als vom Hoftor her Hufgeklapper zu hören war. Weitere Gäste schienen zu kommen! Anna spürte, wie ihr Herz einen Satz machte.

Es war eine Gruppe von drei Reitern auf Großpferden. Anna stutzte. Sie hatten kein Gepäck dabei. Ob es doch keine Gäste waren?

Ein junger Mann, sicher kaum älter als Annas Bruder Robert, führte die Gruppe an. Nun kam er geradewegs auf Anna und Luisa zugeritten.

„Hallo, ihr seid ja schon da!", rief er fröhlich und beugte sich von seiner wunderschönen dunkelbraunen Stute herab, um ihnen die Hand zu geben. „Ich bin Ludger. Ich hoffe, meine große Schwester hat euch schon gezeigt, wo ihr die Ponys lassen könnt und so."

Anna spürte, wie sich ihre Stimmung aufhellte. „Wo wir die Ponys lassen können ja, und so noch nicht.“

Ludger drehte sich im Sattel um und wies auf die beiden anderen Reiter. „Herr und Frau Krüger sind noch nicht so sicher im Gelände, daher habe ich sie auf dem Rundweg begleitet. Sie haben das Zimmer neben eurem.“

Die beiden grüßten freundlich. Man sah ihnen an, dass der Ausritt sie angestrengt hatte. Die Frau hatte rosige Flecken im Gesicht.

Anna legte der Stute die Hand auf das weiche Maul. Eine zentnerschwere Last fiel ihr vom Herzen. Auch wenn ihr die Leute vollkommen fremd waren, so hatte sich die Atmosphäre nun grundlegend geändert. Und auch Luisas Gesicht hatte jetzt wieder einen entspannteren Ausdruck.

„Ein schönes Pferd hast du da“, sagte sie zu Ludger.

„Das will ich wohl meinen.“ Ludger saß ab. „Eigentlich heißt sie Dorfschwalbe, aber weil ich den Namen so dämlich finde, nenne ich sie Dorle.“ Er grinste. „Ja, ich weiß, das ist auch nicht besonders originell.“

„Unsere Ponys heißen Fee und Zorro“, erklärte Anna. „Sie sind schon hinten auf der Weide.“

„Die schaue ich mir später an“, versprach Ludger. „Wir versorgen erst unsere Pferde, dann sehen wir uns erst mal beim Abendbrot wieder.“ Er warf einen Blick auf seine Uhr. „Ist ja schon recht spät.“

„Ähem“, machte Anna und kickte ein winziges Steinchen weg. „Wo müssen wir denn da hin und ...“

„Ach ja“, sagte Ludger. „Ellis hat euch ‚und so‘ noch nicht gezeigt. Die Gute ist immer im Stress.“ Ludger hielt sich die Hand wie einen Trichter vor den Mund und brüllte: „Ellis!“

Ein Fenster wurde geöffnet und seine Schwester blickte heraus.

„Willst du den Mädels nicht zeigen, wo sie schlafen können?“, rief Ludger.

Ellis winkte mit dem Küchentuch. „Hab ich ganz vergessen. Sorry. Ich bin gerade dabei, das Essen zu machen.“

„Dabei können wir doch helfen!“, rief Anna und Luisa nickte zur Bestätigung.

Endlich war etwas los, endlich ging es weiter. Fröhlich schulterten Anna und Luisa ihre Rucksäcke und stürmten ins Haus.

Die Kammer, in der sie schlafen sollten, war sehr schlicht eingerichtet. Es gab nur zwei einfache Holzbetten mit rotkarierter Bettwäsche und zwei Stühle, auf denen sie ihre Sachen ablegen konnten. Toilette und Dusche waren auf dem Flur.

Von unten drang herrlicher Duft nach Bratkartoffeln und Spiegeleiern herauf, und Anna und Luisa beeilten sich, Ellis beim Tischdecken zu helfen.

Gegessen wurde in einer gemütlichen Ecke der alten Tenne, wo alle Gäste rund um einen rustikalen Tisch aus Eiche saßen. Auch Ludger und Ellis hatten sich dazugesetzt.

Nur ihre Eltern hatten sich zum Essen in die Stube zurückgezogen.

Es tat so gut, sich die Erlebnisse des Tages von der Seele reden zu können. Ludger konnte noch weitere Anekdoten über Frau Rasselbeck beisteuern, sodass Anna und Luisa schließlich auch über ihr Erlebnis mit der sonderbaren Frau lachen mussten.

Luisa klatschte sich lachend auf die Oberschenkel. „Hätten wir das eher gewusst, hätten wir uns sicher ganz anders verhalten. Auch gegenüber diesem Knilch mit dem Geländewagen."

Frau Krüger gab ihnen zu verstehen, dass sie es überhaupt toll fand, dass Anna und Luisa sich getraut hatten, ganz allein zu dieser Tour aufzubrechen.
Ludger rieb sich mit der flachen Hand über den Oberschenkel und nahm einen Schluck Tee. „Die Sache ist die: Es gibt halt immer ein paar Oberschlaue, die gerne zu allem ihren Senf dazugeben. Nun besteht die Reitwanderroute ja noch nicht lange und die Gemeinde macht zurzeit viel Reklame dafür. Da meinen diese Oberschlauen natürlich, sie müssten besonders darauf achten, dass alles mit rechten Dingen zugeht."
Später am Abend brachten Anna und Luisa die Ponys in die Gästeboxen. Anna vergrub das Gesicht in Fees Mähne und flüsterte: „Gute Nacht, meine Schöne." Sie seufzte. „Was Emma jetzt wohl macht?", flüsterte sie Luisa zu.

Mut ist auch, mal Nein zu sagen

Anna und Luisa waren schon von Weitem zu hören, als sie sich am nächsten Morgen auf den Weg machten.
„Was ist bunt und rennt über den Tisch?“ Luisa gab bereits ihren fünften Witz zum Besten.
„Keine Ahnung.“ Anna krümmte sich vor Lachen im Sattel.
„Na, ein Fluchtsalat!“, rief Luisa und prustete ebenfalls los.
Doch Anna verging das Lachen mit einem Mal. Der Reitweg war plötzlich mit rot-weißem Flatterband versperrt. Seitlich an einen Baum gelehnt war ein Schild. Darauf stand: Fällarbeiten. Lebensgefahr.
„Was soll das denn?“, rief sie empört.
„Und was machen wir jetzt?“, fragte Luisa.
Anna zückte die Karte. „Na, wir suchen uns einen neuen Weg. Da wird es doch eine Ausweichmöglichkeit geben.“
Luisa schüttelte verständnislos den Kopf. „Na toll, ein Umleitungsschild wäre jetzt super. Aber so was gibt es ja nur für Autos!“

Die Ponys standen brav auf der Stelle, während Anna im Sattel sitzend die Karte ausklappte, um nach einer anderen Route zu schauen.

„Wenn ich das richtig sehe, dann können wir hier links rum“, erklärte sie und hielt Luisa die Karte hin. „Da kommen wir auf den Wanderweg X6. Der trifft dahinten wieder auf unseren Reitwanderweg.“

Luisa drückte Zorro die Fersen in die Flanken. „Okay, probieren wir es.“

Der Weg war schmal und verlief am Rand eines Ackers. Sie mussten hintereinander reiten und ließen sich die ersten Sonnenstrahlen ins Gesicht scheinen.

Sie unterhielten sich über Emma, schmiedeten Pläne für den Rest der Ferien, lästerten über Klassenkameraden und dachten sogar daran, Isabel eine SMS zu schicken.

Alles war gut.

Bis sich ihnen plötzlich jemand in den Weg stellte.

„Halt, hier dürft ihr nicht lang, das ist Privatgrund", klärte der Mann sie auf.

Diesmal wollte Anna sich nicht so einfach geschlagen geben und tippte auf die Karte. „Aber hier verläuft der Wanderweg."

Der Mann nickte. „Richtig. Der Wanderweg. Dafür hat die Gemeinde von mir die Erlaubnis erhalten. Aber dies ist kein Reitweg. Der verläuft weiter hinten durch den Wald."

„Ja, aber er ist gesperrt wegen Baumfällarbeiten", erklärte Luisa. „Nur deshalb sind wir ja jetzt hier."

„Dafür kann ich nichts", antwortete der Mann kopfschüttelnd. „Der Weg hier ist für die Pferde zu weich." Er streckte den Arm aus. „Da könnt ihr sehen, was eure Ponys schon angerichtet haben."

Anna musste schlucken. Die Hufe hatten tatsächlich tiefe Spuren hinterlassen. Aber das konnte doch wohl nicht so schlimm sein. Es war doch nur ein schmaler Pfad an einem Feldrand!

„In Gottes Namen, dann bleibt das letzte Stück noch auf diesem Weg, ich will euch ja nicht zumuten, an der Hauptstraße entlangzureiten. Fürs nächste Mal wisst ihr dann Bescheid. Und eure Reitkennzeichen, die merke ich mir vorsichtshalber. 4350 und 4351. Ist nicht schwer zu behalten. Also denn."

Nur weg hier!, dachte Anna. Ihre Gefühle fuhren wieder einmal Karussell. Sie wusste nicht, ob sie sauer sein sollten auf den Mann, der ihnen nun wieder die Laune verdorben hatte, oder ob sie tatsächlich ein schlechtes Gewissen haben mussten wegen der tiefen Spuren, die Zorro und Fee mit ihren festen, kleinen Hufen hinterlassen hatten.

Der Umweg über den Wanderweg X6 führte sie dann zu allem Überfluss auch noch mitten durch eins der Rottentaler Dörfer. Anna glaubte, die Blicke sämtlicher Bewohner auf sich zu spüren.

„Ich bin noch nie durch eine Ortschaft geritten", zischte Anna Luisa zu. „Du?"

„Nein, natürlich nicht!“ Luisa war die Situation unangenehm, das war ihr deutlich anzumerken. „Haben wir einen Hundert-Euro-Schein auf der Stirn kleben oder warum glotzen die so?“

„Da drüben müsste gleich wieder der Reitweg anfangen.“ Anna seufzte erleichtert. „Was hältst du von einem kurzen Stopp? Ich hab nämlich ziemlichen Durst.“

Ellis hatte ihre Thermoskanne wieder mit Tee gefüllt.

Als die erste Bank in Sicht kam, stiegen Anna und Luisa von den Ponys ab, banden sie an und setzten sich. Anna breitete erneut die Karte aus, um sich einen Überblick zu verschaffen. Die Stelle, an der sie sich nun befanden, hatte sie schnell gefunden.

„Hier sind wir jetzt und gleich da fängt der Reitwanderweg an.“

„In der Hoffnung, dass er da nicht mehr gesperrt ist“, erwiderte Luisa mit Blick auf die Karte und musste schmunzeln. Anna hatte die Stellen, wo ihnen der Bauer und der Förster begegnet waren, ebenfalls mit einem kleinen Totenkopf gekennzeichnet.

Jetzt konnten sie zwei weitere hinzufügen. Einen für den gesperrten Waldweg, einen für den Landwirt Nummer zwei. Wobei dieser ja nicht wirklich unfrendlich gewesen war. Doch dann wurde sie schlagartig ernst. Sie berührte mit der Fingerkuppe die Stelle, wo sie wieder auf den Reitweg treffen würden und ihr war klar, dass der Weg sie direkt zurück ins Mühlental führte, würden sie statt rechtslinksherum reiten.

Auch Anna hatte das bemerkt. Doch keine von beiden sagte eine Wort. Stattdessen nippten sie schweigend an ihrem heißen Tee.

„Ich frage mich, was Emma wohl gerade treibt. Ob sie sich inzwischen beruhigt hat?“, brach Luisa schließlich das Schweigen.

„Ja, das frage ich mich auch“, sagte Anna und lenkte ihren Blick auf einen Punkt am Horizont. „Ich meine, wir müssen ja nicht unbedingt noch zu den Feldkamps reiten.“

Jetzt blickte Luisa Anna an. „Nein, müssen müssen wir gar nichts. Und wir müssen uns auch nichts beweisen.“

Anna zuckte die Schultern. „Aber wenn wir jetzt schon nach Hause kommen, dann denken die anderen, wir hätten aufgegeben. Ich meine, erst haben wir so lange gebettelt, dass wir diese Tour machen dürfen, und nun ziehen wir das nicht durch.“

Luisa sagte erst einmal gar nichts. Natürlich hatte sie daran auch schon gedacht.

Doch dann platzte ein „Quatsch!“ aus ihr heraus. Sie trank den letzten Schluck Tee und richtete sich auf.

„Na ja, immerhin haben wir schon einige Sachen gemeistert, obwohl auf unserem Weg wirklich nicht alles glattgelaufen ist.“

„Nicht nur wir. Auch Fee und Zorro“, fiel Anna ihr ins Wort.

„Und es ist ja auch klar, dass wir es noch zu den Feldkamps schaffen würden“, fuhr Luisa fort. „Aber wir möchten halt lieber nach Hause und bei Emma sein. Ganz einfach.“

Luisa hatte recht. Aber Anna kam noch etwas anderes in den Sinn. „Tja, und auch wenn es tatsächlich so wäre, dass wir es nicht geschafft hätten, dann wäre es auch okay gewesen, abzubrechen. Mein Paps sagt mir immer, sich selbst gegenüber zuzugeben, dass man mit etwas überfordert ist, das ist auch ein Zeichen von Stärke."
Luisa legte Anna die Hand auf die Schulter. „Da hat Rolf echt recht."
„Vielleicht sollte ich Isabel Bescheid geben", meinte Anna und holte das Handy aus der Westentasche.
„Was ist passiert?", rief Isabel aufgeregt ins Telefon, sodass Anna das Handy ein Stück von ihrem Ohr weghalten musste.
„Mama, entspann dich, ich hör dich ja zweimal, einmal durchs Handy und einmal durch den Wald." Sie grinste Luisa an, die bereits die Thermoskanne in ihrem Rucksack verstaute. Dabei nahm sie zwei Karotten heraus. „Es ist nichts passiert und es geht uns blendend. Alles easy. Wir kommen einfach jetzt schon nach Hause. Okay? Also, bis gleich."
Damit beendete sie das Gespräch, noch ehe Isabel etwas erwidern konnte.

Luisa hielt die Möhren hoch. „Die waren ja eigentlich für heute Abend, aber nun können sie sie genauso gut jetzt schon bekommen."
Und als Anna sich in den Sattel sinken ließ, dachte sie, dass es ein verdammt gutes Gefühl war, nach Hause zu reiten.
Plötzlich setzte ein dichter Nieselregen ein. Das war jedoch nicht weiter schlimm. So kam auf dem letzten Stück noch der alte Lederhut zum Einsatz, den Anna rasch über die Reitkappe zog. Doch schon nach ein paar Metern wurde ihr klar, warum Rolf gesagt hatte, er hoffe, dass es trocken bliebe. Kaum, dass der alte Lederhut nass geworden war, begann er intensiv nach Ziege zu stinken!

„Ja, das hat Ziegenleder leider nun mal an sich", sagte Rolf grinsend, als Anna ihm den Hut in die Hand drückte. „Aber jetzt regnet es ja nicht mehr."
„Toll!", maulte Anna mit gespielter Empörung. „Mein ganzer Rucksack stinkt jetzt nach Ziege."
„Aber nur von außen", erwiderte Rolf augenzwinkernd. „Übrigens schön, dass ihr wieder da seid."
Luisa warf Anna einen Blick zu, in dem sich ein riesengroßes Fragezeichen widerspiegelte. Wieso fragte er nicht ein-

mal, warum sie eher umgekehrt waren? Wollte er das denn gar nicht wissen?
Sie erinnerte sich an Annas Worte. Mein Paps sagt mir immer, sich selbst gegenüber zuzugeben, dass man mit etwas überfordert ist, das ist auch ein Zeichen von Stärke. Aber sie waren nicht überfordert gewesen! Das wollte sie Rolf gerne sagen.
„Hallo, Mama!“, rief sie laut ihrer Mutter zu, damit Rolf es mitbekam. „Pah, das war echt klasse, sag ich dir.“
Adelheid nahm erst ihre Tochter, dann Anna in den Arm. „Ihr habt bestimmt eine Menge zu erzählen.“
„Ja, von Totenköpfen, Hexen und anderen typisch münsterländischen Waldmonstern!“ Anna lachte. „Es war der ganz normale Wahnsinn. Genau wie hier im Mühlental.“
Adelheid stutzte. „Gab es denn irgendwelche Probleme?“
Anna und Luisa grinsten sich an.
„I wo“, sagte Luisa. „Alles easy.“
„Apropos Wahnsinn“, sagte Adelheid. „Ihr werdet eure helle Freude an Emma haben. Sie ist hinten bei Mücke, Digger und den Shettys auf der Weide. Sie wird sicher ganz aus dem Häuschen sein, wenn Fee und Zorro sich ihnen anschließen.“

Wie auf ein Kommando hörten sie ein helles Wiehern durch das Mühlental hallen.

„Emma, wir kommen!“, riefen Anna und Luisa wie aus einem Mund. Und sie waren sich sicher: Hätten Fee und Zorro sprechen können, hätten sie mit eingestimmt.

Wanderreiten

Welcher Reiter und Pferdefan denkt nicht des Öfteren an Cowboyfilme und Lagerfeuerromantik? Vielleicht findet man ein kleines bisschen Abenteuer bei einem mehrtägigen Ausritt - beim Wanderreiten. Diese ursprüngliche Form der Fortbewegung - die darüber hinaus auch noch umweltfreundlich ist - erlaubt es, die Natur sehr intensiv zu erleben und das vertrauensvolle Zusammenspiel von Pferd und Reiter zu genießen.
Viele Gegenden haben inzwischen ein gutes Netz an Reitwegen erschlossen und bieten eine ganze Reihe von Übernachtungsmöglichkeiten für Pferd und Reiter an.
Natürlich kann man nicht einfach drauflosreiten. Ein mehrtägiger Wanderausritt will gut geplant sein. Und zuerst einmal braucht man dazu ein zuverlässiges Pony oder Pferd, das geländegängig und nicht schreckhaft ist und darüber hinaus über eine gute Kondition verfügt - auch wenn es beim Wanderreiten nicht darauf ankommt eine möglichst lange Strecke zu absolvieren. Die bevorzugte Gangart beim Wanderreiten ist natürlich Schritt, Pferd und Reiter wollen den Ausflug schließlich beide genießen und möglichst viel von der Umgebung aufnehmen und erleben. Es ist auch üblich zwischendurch eine Strecke zu gehen und das Pferd zu führen, um dessen Rücken zu entlasten.
Meist wird beim Wanderreiten in kleinen Gruppen geritten, mehrere Stunden täglich. Pferd und Reiter sollten schon im Vorfeld gut aufeinander eingestellt sein. Wichtig ist es auch, sich mit der geplanten Strecke ausführlich

auseinanderzusetzen und die Gefahrenstellen richtig einzuschätzen. Und schließlich benötigt man gutes Kartenmaterial und eine vernünftige Ausrüstung. Was man alles braucht, hängt natürlich auch davon ab, ob man im Freien übernachtet oder in einer Reiterunterkunft, wie lange man unterwegs ist und ob man sämtliches Gepäck selbst transportiert - zum Beispiel auf einem zusätzlichen Packpferd - oder gar einen Gepäcktransport in Anspruch nimmt.

Viele Informationen über Reitgebiete, Wanderreitstationen, geführte Wanderritte und alles, was man noch über das Wanderreiten wissen muss, findet man im Internet.
Wenn man die Tour gewissenhaft vorbereitet hat, steht einem tollen Erlebnisurlaub nichts im Wege.

In dieser Reihe erschienen:

Ponyhof Mühlental
Kopf hoch, Anna
ISBN 978-3-8157-9472-2

Ponyhof Mühlental
Für alle Fälle Anna
ISBN 978-3-8157-5217-3

Ponyhof Mühlental
Anna – Ausritt ins Abenteuer
ISBN 978-3-649-60269-9

Ponyhof Mühlental
Anna – Weihnachten im Mühlental
ISBN 978-3-8157-5159-6

Hörbücher:

Du schaffst das, Anna
ISBN 978-3-8157-9514-9

Fass dir ein Herz, Anna
ISBN 978-3-8157-9515-6

Anna gibt nicht auf
Bestell-Nr. 40-50003-70062-5

Ein Freund für Anna
Bestell-Nr. 40-50003-70063-2

Auf Anna ist Verlass
Bestell-Nr. 40-50003-70351-0

Kopf hoch, Anna
Bestell-Nr. 40-50003-70196-7

Für alle Fälle Anna
Bestell-Nr. 40-50003-70446-3

Ein großer Tag für Anna
Bestell-Nr. 40-50003-70445-6

Anna – Weihnachten im Mühlental
Bestell-Nr. 40-50003-70352-7

Weitere Pferdebücher bei Coppenrath:

Reiterhof Rosenburg
Antonia – Rettung aus großer Not
ISBN 978-3-649-60554-6

Ein Feriengast aus Frankreich kündigt sich an und der ganze Rosenburghof steht Kopf: Alle sollen sich für die Tochter ihres größten Kunden Marcel Bonhumeur von der besten Seite zeigen! Doch als Prinzessin Juliette eintrifft, werden Antonias schlimmste Befürchtungen wahr. Wie soll sie nur mit diesem hochnäsigen Modepüppchen auskommen? Als die Französin ihr dann auch noch ihren geliebten Fuchswallach Elfentanz wegnimmt, gerät die angespannte Situation endgültig außer Kontrolle. Juliette ist plötzlich wie vom Erdboden verschluckt, und Antonia ahnt, dass etwas Schreckliches passiert sein muss ...

Reiterhof Rosenburg
Antonia, die mit den Pferden flüstert
ISBN 978-3-8157-5112-1

Große Aufregung auf Reiterhof Rosenburg: Der berühmte Reiter Bonhumeur will sein kostbares Pferd Elfentanz dort unterstellen! Als Antonia den Wallach zum ersten Mal erblickt, spürt sie sofort eine tiefe Verbundenheit zum ihm. Aber was wird Bonhumeur dazu sagen, dass eine Elfjährige sich um seinen wertvollen Wallach kümmert? Als ein Gewitter losbricht, das die Tiere in Panik versetzt, taucht Elfentanz' Besitzer unerwartet auf dem Hof auf. Ob Antonia die Situation retten kann?

Reiterhof Rosenburg
Antonias großes Turnier
ISBN 978-3-8157-5119-0

Antonia träumt davon, eine erfolgreiche Springreiterin
zu werden. Doch als ihr Reitlehrer sie zu einem großen Spring-turnier anmeldet, verlässt sie der Mut. Antonia ist die Jüngste in der Gruppe, und der Wallach Elfentanz hat oft seinen eigenen Kopf. Außerdem ist da noch Alina, die keine Gelegenheit auslässt, Antonia eins auszuwischen. Hat Antonia da überhaupt eine Chance?

Reiterhof Rosenburg
Antonia und das süßeste Fohlen der Welt
ISBN 978-3-8157-5134-3

Endlich wieder Nachwuchs auf dem Rosenburghof! Antonia ist wahnsinnig aufgeregt. Was für ein Glück, dass die Ferien vor der Tür stehen. Doch da kündigt sich Besuch an und stellt Antonia vor eine weitere große Aufgabe: Ihre Cousine Lissy mischt mit ihrer Zickigkeit den ganzen Hof auf. Antonia erkennt das Mädchen, mit dem sie sich so gut verstanden hat, nicht wieder. Und ausgerechnet Lissy soll sich jetzt um das Fohlen kümmern?

Reiterhof Rosenburg
Antonias großer Einsatz
ISBN 978-3-649-60553-9

Antonia könnte vor Freude platzen: Carolin und sie dürfen mit auf das weltbekannte Turnier in Moritzstadt! Hinter den Kulissen des spannenden Wettbewerbs treffen die Schwestern auf Nachwuchs-Star Justus von Wiesenfeld – und Antonia staunt nicht schlecht über das plötzliche Leuchten in Carolins Augen! Doch warum läuft bei Justus auf einmal alles schief? Hat er etwa ein schlimmes Geheimnis?

Mehr Infos auf: www.coppenrath.de